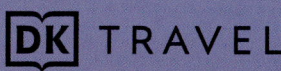

TOP 10
MALTA
Y GOZO

AF277088

CONTENIDOS

44

Lo mejor de Malta y Gozo

66

Recorridos

108

Datos útiles

MALTA Y GOZO

DESCUBRIENDO

El Grand Harbour y las Tres Ciudades

BIENVENIDO A

MALTA Y GOZO

De las islas más hermosas del Mediterráneo, Malta y Gozo combinan una sorprendente historia con playas espectaculares y gran oferta de deportes acuáticos. No te pierdas nada. Disfruta de lo mejor de las islas con la ayuda de la guía Top 10 Malta y Gozo.

El dicho de que el buen perfume se vende en frasco pequeño parece haber sido escrito para Malta y Gozo. Un solo día en este pequeño archipiélago permite saltar de las ruinas prehistóricas de los templos de Ħaġar Qim y Mnajdra a los mosaicos de la Domvs Romana de Rabat, para terminar el día disfrutando de una cena y unos

El escarpado litoral de las islas

cócteles al aire libre en las calles color miel de La Valeta. La capital barroca de Malta es una magnífica base para visitar las islas, con edificios históricos como el opulento Grand Master's Palace y la espectacular St John's Co-Cathedral, que guarda en su interior la pintura más famosa de Caravaggio.

Más allá de la capital se extienden ciudades encantadoras y pueblos pesqueros como la medieval Mdina, construida originalmente por los árabes, y Marsaxlokk, con su colorida flota de pesqueros. También hay una oferta amplísima para nadar, bucear y hacer submarinismo, como en la Blue Lagoon, la más famosa de todas las playas y bahías que salpican el escarpado litoral.

Pero las islas tienen igualmente otros encantos. Su inclusión en la guía Michelin ha posicionado a Malta como un auténtico paraíso para los comidistas, con una buena selección de restaurantes de categoría mundial en los que disfrutar de una cena, al tiempo que las ciudades de Silena y St Julian's bullen con la vida nocturna más dinámica de la isla.

Esta guía Top 10 reúne lo mejor que Malta y Gozo pueden ofrecer, con sencillas listas con las 10 mejores opciones, consejos de expertos y planos detallados, que hacen del viaje una experiencia extraordinaria.

HISTORIA DE
MALTA Y GOZO

Fenicios, romanos, árabes, franceses y británicos, que han dejado su huella a través de los siglos sobre lo que fue originariamente un asentamiento de la Edad de Piedra, convirtieron las islas en un bastión militar y en centro del comercio marítimo. He aquí su historia.

El nacimiento de Malta

Se cree que los primeros pobladores de Malta llegaron en sencillas embarcaciones desde varios lugares del Mediterráneo hacia 5900 a. C. y se asentaron en cuevas y viviendas rudimentarias en la costa. Una segunda migración llegó desde Sicilia hacia 3850 a. C. Fue entonces cuando comenzó la Edad de los Templos, con importantes estructuras megalíticas construidas con grandes losas que actuaban como centros comunitarios (como Ħaġar Qim, Mnajdra y Ġgantija en Gozo).

La llegada del cristianismo

A principios del siglo VIII a. C. los fenicios colonizaron Malta después de un largo periodo de sequía, que posiblemente causó la muerte de los anteriores pobladores, y convirtieron la isla en un punto clave del comercio en el Mediterráneo. También fundaron la ciudad de Mdina y la Ciudadela en Gozo, asentamientos estratégicos en el interior que ofrecían una defensa natural frente a las incursiones desde la costa. Tras las guerras púnicas, Malta cayó bajo el poder de Roma en 218 a. C. Los romanos, que ampliaron y fortificaron Mdina con murallas y un foso, llamaron a la ciudad y la isla Melite. Un episodio crucial en la historia de Malta tuvo lugar en el año 60, cuando san Pablo naufragó en la isla de camino a Roma. Según los Hechos de los Apóstoles, Pablo realizó varios milagros durante su estancia de tres meses, lo que llevó a la conversión de Malta al cristianismo.

Representación del naufragio de san Pablo en Malta en el siglo I

Caballeros durante el Gran Asedio de Malta de 1565

Influencia árabe

Tras formar parte del Imperio romano hasta principios del siglo VI, Malta pasó pacíficamente bajo dominio bizantino. En 870 la tribu norteafricana de los aglabíes sitió y destruyó Melite, y expulsó a los bizantinos. Los árabes reconstruyeron la ciudad como Medina y la convirtieron en un próspero asentamiento musulmán a principios del siglo XI. Aunque su dominio fue relativamente breve, su legado fue significativo. No solo introdujeron algodón, naranjas, limones y técnicas avanzadas de irrigación en la isla, sino que influyeron profundamente en la lengua maltesa, que evolucionó hacia una forma única de árabe histórico latinizado.

Caballeros Hospitalarios

Tras ser expulsados de Rodas por el Imperio otomano, en 1530 los Caballeros Hospitalarios recibieron Malta de manos del papa Carlos V a cambio del único tributo anual de un halcón. A su llegada, los caballeros construyeron nuevas fortificaciones, ciudades, iglesias y palacios. También trasladaron su cuartel general desde la ciudad interior de Medina a la costera Birgu, para reforzar las defensas militares de la isla. En 1565 los otomanos intentaron nuevamente expulsar a los caballeros, pero bajo el firme liderazgo del gran maestre Jean

Hitos históricos

3850 a. C.
Los primeros pobladores construyen los templos megalíticos de Ħaġar Qim y Ġgantija.

218 a. C.
Los romanos fortifican Mdina y llaman a la isla Melite.

60
San Pablo naufraga en Malta, con la consiguiente conversión de los malteses al cristianismo.

1530
Los Caballeros Hospitalarios reciben Malta del papa Carlos V y trasladan su cuartel general a Birgu.

1565
En el Gran Asedio de Malta los Caballeros Hospitalarios vencen a las tropas del Imperio otomano.

1566
El gran maestre De La Valette coloca la piedra fundacional de la nueva capital, La Valeta.

1942
El rey Jorge VI concede la Cruz de San Jorge a Malta por su valentía durante la Segunda Guerra Mundial.

1964
Malta se independiza del Reino Unido y se constituye en democracia parlamentaria.

1974
El 13 de diciembre se convierte en república independiente dentro de la Commonwealth y pasa a tener su propio presidente.

2004
Tras 14 años de espera, Malta entra en la Unión Europea, lo que supone un gran paso en su desarrollo.

Parisot de La Valette 500 caballeros y unos 5.000 soldados resistieron heroicamente frente a 40.000 soldados enemigos durante el Gran Asedio. Esta histórica victoria condujo a la fundación de la nueva capital, La Valeta, en la península de Sciberras, diseñada mayoritariamente por el arquitecto militar Francesco Laparelli en estilo barroco.

Periodo francés

A finales del siglo XVIII los desmesurados gastos de los Caballeros Hospitalarios llevaron a la orden al declive. Ante la amenaza de Napoleón Bonaparte de atacar La Valeta, el gran maestre Hompesch cedió la soberanía de Malta a la República Francesa en 1798. En un principio, los malteses, cansados de la fastuosidad de los Caballeros Hospitalarios, aceptaron el cambio de guardia. Sin embargo, los franceses cayeron en desgracia al asaltar iglesias y saquear sus tesoros, lo que provocó una serie de revueltas. Tras varios intentos de expulsar a los franceses, los malteses pidieron ayuda a los británicos, lo que llevó a la rendición francesa en 1800.

Franceses rindiendo Malta a los británicos en 1800

Tropas británicas refuerzan la guarnición de Malta en 1887

Imperio británico y Segunda Guerra Mundial

Anexionada voluntariamente al Imperio británico en 1800, Malta pasó de ser ignorada a convertirse en una base estratégica para la flota británica en el Mediterráneo. Durante la Segunda Guerra Mundial desempeñó un papel primordial para los aliados como base para los ataques contra la armada italiana y centro de escucha para interceptar mensajes de radio alemanes, aunque también sufrió intensos bombardeos de las fuerzas italianas y alemanas. En reconocimiento a su valor, el 15 de abril de 1942 el rey Jorge VI concedió la Cruz de San Jorge a "la isla fortificada de Malta, a sus habitantes y defensores", emblema que sigue luciendo su bandera.

Malta en la actualidad

Tras siglos de dominio extranjero, en 1964 Malta se convirtió en república independiente de la Commonwealth. Desde su inclusión en la Unión Europea en 2004, el país ha evolucionado a un ritmo vertiginoso y se ha posicionado como gran destino turístico gracias al sol, el mar, la arena y la creciente oferta de festivales. Últimamente también se ha sumado a la innovación digital en sectores como iGaming y FinTech, que han transformado la isla en un dinámico centro de actividad. Pese a sus raíces católicas, Malta ha hecho avances significativos en la defensa de los derechos del colectivo LGTBIQ+ y en 2015 se convirtió en el primer país de la Unión Europea en legalizar el consumo recreativo de cánnabis. Esta evolución también ha supuesto que la Malta tradicional, con sus comunidades unidas y parroquias devotas, aunque lejos de desaparecer, se esté desvaneciendo gradualmente. Las islas que la rodean, especialmente la isla hermana de Gozo, siguen conservando gran parte del encanto hospitalario de la Malta de antaño.

Cenando en Triq Santa Lucija (calle de Santa Lucía), La Valeta

TOP 10
EXPERIENCIAS

Esta guía ayuda a organizar el viaje perfecto tanto para los que visitan Malta y Gozo por primera vez como para los que repiten. Para aprovechar el tiempo al máximo y disfrutar de lo mejor que estas maravillosas islas pueden ofrecer, no hay que olvidar añadir estas experiencias a la visita.

1 Unirse a la fiesta
A lo largo de todo el verano, los pueblos y ciudades de Malta celebran sus coloridas fiestas patronales *(p. 24)*, en las que iglesias y plazas se visten de adornos tradicionales, las bandas de música desfilan por las calles y los fuegos artificiales iluminan el cielo nocturno.

2 Nadar entre peces
Malta tiene una diversa fauna marina perfecta para hacer esnórquel, con lugares como Baħar iċ-Ċagħaq, donde pueden encontrarse lenguados y ocasionalmente rayas en su fondo arenoso; la cala rocosa de Għar Lapsi *(p. 97)*, hogar de peces loro y arcoíris, y Fomm ir-Riħ *(p. 52)*.

3 Apuntarse a un taller
Se pueden aprender antiguas tradiciones maltesas, como tejer delicados encajes de *bizzilla* en Hajja *(facebook.com/hajjamalta)*, preparar auténticos *pastizzi* con A Pastizzi Experience *(apastizziexperience.com)* u hornear el perfecto pan ácimo *ftira* en Karlito's Way *(karlitosway.com)*.

4 Conquistar el fuerte
La rica historia militar de Malta se refleja en sus impresionantes fuertes, como el Fort St Elmo *(p. 48)* en La Valeta, que alberga el National War Museum, y el Fort St Angelo *(p. 77)*, en Birgu, cuyas murallas ofrecen unas espectaculares vistas del Grand Harbour.

5 Visitar magníficas iglesias

Con más de 350 iglesias y capillas, la isla tiene una amplia oferta de arte y arquitectura para explorar, como St John's Co-Cathedral (p. 24) y sus tumbas, la espléndida Mosta Dome (p. 92) o Ta' Pinu Basilica, en Gozo (p. 105).

6 Viajar a la Edad de Piedra

Los monumentos megalíticos de Malta son una de las grandes maravillas del mundo. Ħaġar Qim y Mnajdra (p. 28) están conectados con fenómenos celestes, y las cámaras del Hypogeum (p. 36) están excavadas en la roca.

7 Adentrarse en cuevas marinas

La costa maltesa está salpicada de cuevas, pero ninguna es tan espectacular como la Blue Grotto (p. 98). Cuando el sol se refleja en el mar, el agua adquiere un azul resplandeciente y proyecta reflejos que parecen bailar sobre las paredes.

8 Probar sus especialidades

La cocina maltesa es una deliciosa y sabrosa mezcla influenciada por las culturas mediterráneas, con especialidades como el *lampuki* (dorada de temporada), el pulpo de Marsaxlokk (p. 34) y el estofado de conejo de Mġarr (p. 85).

9 Disfrutar de la magia Michelin

La inclusión de Malta en la Guía Michelin en 2020 ha respaldado la fama de la isla como centro gastronómico, con locales de fama mundial en los que los mejores chefs dan rienda a su creatividad con productos locales.

10 Bucear en Gozo

Cuando la emblemática Azure Window (p. 104) colapsó en 2017, creó un increíble enclave de buceo. Este espectacular paisaje submarino, junto con el cercano Blue Hole, ofrece una de las experiencias de buceo más fascinantes del Mediterráneo.

ITINERARIOS

Visitar St John's Co-Cathedral, navegar hasta la Blue Lagoon, contemplar el atardecer en Golden Bay y una amplia oferta para comer, beber o nadar es lo que ofrecen estos itinerarios de 2 y 7 días que ayudan a aprovechar al máximo la visita a las islas.

2 DÍAS EN LA VALETA Y LAS TRES CIUDADES

Día 1

Mañana

El recorrido por La Valeta comienza en la **City Gate,** una sencilla entrada a la pequeña y encantadora capital de Malta diseñada por Renzo Piano. A un corto paseo se alza la austera fachada con campanario de **St John's Co-Cathedral** (p. 24). En el interior puedes admirar el suntuoso suelo con tumbas de mármol, el

COMPRAR
Para comprar un recuerdo distinto a las baratijas turísticas habituales, la tienda del MUŻA tiene impresiones y postales de obras de artistas malteses.

interior rococó y las espectaculares pinturas del techo de Mattia Preti que representan escenas de la vida de san Juan. No te pierdas la obra maestra

Una de las pintorescas calles de La Valeta

de Caravaggio *La decapitación de san Juan Bautista* del oratorio. Tras visitar los tesoros del museo catedralicio, es momento para uno de los dulces artesanos de **Manouche Craft Bakery** *(p. 74)*, al otro lado de la calle.

Tarde
Después de comer vale la pena visitar el **MUŻA** *(p. 70)*, con la colección más completa de pintura, escultura y fotografía de artistas malteses como Edward Caruana Dingli y Emvin Cremona. El **Auberge de Castille,** residencia oficial del primer ministro (merece una foto), está muy cerca. Al caer la noche, Strait Street, antiguo destino de marineros británicos de permiso, es el lugar perfecto para darte un festín de embutidos y quesos en **Trabuxu** *(p. 73)*.

Día 2

Mañana
Tras desayunar un *pastizzi* en un puesto junto a la **City Gate,** un paseo te lleva hasta St George's Square, donde se alza el **Grand Master's Palace** *(p. 22)*. Después de recorrer los pasillos renovados, las salas tapizadas y la amplia armería, con la colección del gran maestre Jean

Parisot de La Valette, sal del palacio antes del mediodía para presenciar la salva de cañón y disfrutar de las vistas panorámicas del Grand Harbour desde los **Upper Barrakka Gardens** *(p. 62)*.

Tarde
El **ascensor de Barrakka** baja hasta **Lascaris Wharf,** donde un taxi acuático te lleva hasta las **Tres Ciudades.** Tras visitar el **Fort St Angelo** de Birgu *(p. 77)*, un bastión fundamental durante el Gran Asedio de 1565 y de nuevo en la Segunda Guerra Mundial, sigue con un paseo por el encantador barrio de Collachio, sin olvidar una visita de la pequeña y restaurada **Casa Normanna** (Triq It-Tramuntana), que se considera el edificio más antiguo de Birgu. Termina el día con un paseo por la orilla hasta **Senglea,** donde puedes disfrutar de una cena típica al aire libre y con vistas al puerto en **Il-Ħnejja** *(p. 82)*.

COMER
Para los amantes del dulce, Camilleri tal-Ħelu, en Triq Il-Merħanti (calle de los Comerciantes), es una encantadora pastelería familiar, en activo desde 1843, que sirve dulces tradicionales, pasteles y helados artesanos variados.

7 DÍAS EN LAS ISLAS MALTESAS

Día 1

Dedica la mañana a visitar en **Rabat** la Domvs Romana *(p. 31)*, famosa por sus mosaicos y tesoros arqueológicos del siglo I a. C. Tras tomarte un *pastizzi* en Is-Serkin (Crystal Palace Bar), puedes ir en coche de caballos desde los Howard Gardens hasta la ciudadela de **Mdina** *(p. 30)*. Es buena idea pasar la tarde en St Paul's Cathedral, Carmelite Priory y el Palazzo Vilhena, y seguir paseando al atardecer por las tranquilas calles de Mdina antes de disfrutar de una cena de estrella Michelin en Mondion *(p. 95)*.

Día 2

Es muy recomendable tomar el barco que sale del encantador pueblo de **Wied Iż-Żurrieq** hasta la Blue Grotto *(p. 98)*, cuyas espléndidas aguas

parecen un zafiro. De nuevo en el pueblo, puedes almorzar en uno de sus pintorescos restaurantes de marisco y luego tomar el autobús o caminar 30 minutos hasta los misteriosos templos de **Ħaġar Qim** y **Mnajdra** *(p. 28)*. El día termina con una cena en **Carmen's Bar** *(p. 101)*, en Għar Lapsi, con preciosas vistas del mar a la luz de la luna.

Día 3

Conviene levantarse temprano para tomar el primer barco desde Sliema o **Marfa** hasta **Comino** *(p. 42)* y bañarse en las cristalinas aguas de la Blue Lagoon sin multitudes. Si no hace demasiado calor, puedes pasear por la tarde por este islote deshabitado, con una parada en la encalada **Chapel of the Return of the Holy Family** (ideal para hacer fotos) y el abandonado Isolation Hospital, un antiguo puesto de cuarentena para las tropas británicas. No te pierdas el atardecer sobre las islas maltesas desde la **Comino Tower.**

Día 4

Disfruta de un café en la bonita plaza de **Marsaxlokk** viendo descargar la pesca del día desde las coloridas *luzzus* *(p. 34)* y luego recorre el mercado de la explanada en busca de artesanía como el encaje maltés *bizzilla*. Tras almorzar en un restaurante junto al mar, puedes darte un chapuzón en la cercana

La Blue Grotto, accesible en barco desde Wied iż-Żurrieq

> **TRANSPORTE**
> Aunque los viejos autobuses de colores de Malta se han retirado del servicio público, operadores privados ofrecen inolvidables recorridos a varios lugares de interés de la isla en estos simpáticos vehículos.

Ramla
Bay

Victoria **5** Templos
de Ġgantija

zo

Chapel of the Return
of the Holy Family

Comino

Comino Tower

Marfa **3**

*Mar
Mediterráneo*

Golden Bay

Mġarr

Mosta

San Anton
Gardens **7**

Malta

Mdina **1**
y Rabat

Dingli **6**
St Mary
The Cliffs Magdalene Chapel

Marsaxlokk **4**

St Peter's
Pool

Carmen's Bar
Mnajdra **2**
y
Ħaġar Qim

Wied
iż-Żurrieq

4

St Peter's Pool, una piscina natural tallada en la roca. Cena al aire libre en el restaurante familiar Rizzu *(p. 101)*, con vistas al puerto.

Día 5

Toma el ferri a Mġarr en **Gozo** y luego recorre 6,5 km hacia el noroeste en taxi hasta **Victoria,** capital de la isla, para tomar algo en el bullicioso mercado It-Tokk. Vale la pena perderse por las laberínticas calles de la amurallada Ciudadela *(p. 38)* y visitar la catedral de la Asunción con su magnífico techo. Tras almorzar en Ta'Rikardu *(p. 107)*, dirígete a la cercana Xagħra para explorar los **templos de Ġgantija** y luego sigue hacia el este hasta **Ramla Bay** para darte un baño al atardecer.

Día 6

Merece la pena pasar un día en la campiña maltesa en el tranquilo pueblo de **Dingli.** Sigue el sinuoso sendero que recorre el acantilado *(p. 92)* y haz una parada en la encantadora **St Mary Magdalene Chapel,** desde donde se ve el cielo fundirse con el mar. Puedes reponer fuerzas en **The Cliffs** *(p. 95)* y después tomar el autobús que recorre la costa hasta la playa de **Golden Bay** para pasar una tarde tranquila nadando y tomando el sol.

Día 7

El último día en Malta comienza con un paseo tranquilo por los **San Anton Gardens,** antiguo lugar de retiro de los grandes maestres, y por las avenidas rodeadas de casas adosadas que conectan los Tres Pueblos: Attard, Lija y Balzan. Puedes hacer una pausa en Carolina's Petit Café *(p. 82)* para tomar té y pasteles. Dirígete a la cercana **Mosta** para maravillarte con la impresionante cúpula de la Rotunda y terminar el viaje con una cena típica maltesa en **Mġarr,** 7,5 km al oeste, donde Ta'l-Ingliż es famoso por su *fenkata* (conejo) y otros platos locales.

TOP 10 MALTA Y GOZO

St John's Co-Cathedral, La Valeta

9 Dwejra

Żebbuġ
Marsalforn
Għarb
Għasri
Gozo
Xagħra
8 Ciudadela
Nadur
Xewkija
Qala
Xlendi
Munxar
Mġarr
Ta' Sannat
Għanjsielem
Comino **10**

Ċirkewwà

Mellieħa
St Paul's Bay
Buġibba
Għajn Tuffieħa
Dragu
Mġarr
Mosta
Baħrija
Attar
4 Mdina y Rabat
Żebbu
Dingli
Ta' Brija
Malta
Mnajdra y Ħaġar Qim

LO ESENCIAL DE
MALTA Y GOZO

Malta y Gozo cuentan con algunos lugares que no debes perderte. Descubre en las páginas siguientes por qué cada uno de ellos es una visita obligada.

0 kilómetros   5

*Mar
Mediterráneo*

Paceville
St Julian's
Sliema
La Valeta
Hamrun
Qormi
Birgu
Ħal Saflieni
Hypogeum
Żabbar
Marsaskala
Zejtun
Gudja
Kirkop
Marsaxlokk
Żurrieq
Birżebbuġa

❶ Grand Master's Palace,
La Valeta

❷ St John's Co-Cathedral,
La Valeta

❸ Templos de Mnajdra y
Ħaġar Qim

❹ Mdina y Rabat

❺ Birgu (Vittoriosa)

❻ Marsaxlokk

❼ Ħal Saflieni Hypogeum

❽ Ciudadela (Victoria),
Gozo

❾ Dwejra, Gozo

❿ Comino

GRAND MASTER'S PALACE, LA VALETA

📍 J2　📍 Triq Ir-Republika　📍 heritagemalta.mt 📍

Construido por el arquitecto maltés Girolamo Casar (1520-1586), este impresionante palacio fue la residencia del gran maestre, la autoridad suprema de los caballeros de la Orden de San Juan. Actualmente sede de la Presidencia, las dependencias oficiales están repletas de símbolos que reflejan la gran riqueza e influencia de la Orden.

1 Comedor de Estado

Esta estancia, que sufrió daños durante la Segunda Guerra Mundial, contiene el retrato de la reina Isabel II y de jefes de Estado malteses.

2 Tapices gobelinos

Conocidos como *Les tentures des Indes* (*Los tapices de Indias*) por sus escenas exóticas, fueron donados por el maestre Rabassa de Perellós en 1710.

3 Cámara de los Tapices

En esta sala los caballeros desempeñaban sus labores diarias y, en época más reciente, las sesiones parlamentarias.

4 Friso del Gran Asedio

Este friso, que ilustra los acontecimientos clave en la defensa de la isla por parte de los caballeros, lo pintó Mateo Pérez de Alesio entre 1575 y 1581.

🍽 **COMER**
El cercano Ambrosia (*p. 75*) sirve excelente comida mediterránea elaborada con ingredientes locales. No permite la entrada de niños pequeños.

---

5 Sala del Consejo Supremo

Tiene lámparas de araña y un friso donde se representa el Gran Asedio de 1565. La galería de los Trovadores, en el salón, decoraba la capilla del palacio, aunque procede del buque *Grand Carrack*, en el que zarparon los caballeros de Rodas.

6 Corredores de los Caballeros

Situados en la primera planta del palacio, los

Armaduras en los corredores de los Caballeros

corredores miran al patio de Neptuno. En ellos se exponen retratos, armaduras y escudos de armas de grandes maestres.

7 Sala del Embajador

Los grandes maestres destinaban esta sala a audiencias privadas y también recibían aquí a dignatarios extranjeros. Lionello Spada pintó el friso, que representa historias de la Orden de San Juan.

8 Patio de Neptuno

La estatua que da nombre a este patio se atribuye al escultor flamenco Giambologna (1529-1608). Al parecer, el almirante Andrea Doria, amigo del gran maestre De La Valette, posó para él.

9 Armería

La armería del palacio, situada en las antiguas caballerizas, contiene más de 5.000 piezas militares. La colección incluye un cañón de bronce, armas de fuego y armaduras que usaron en combate tropas de los siglos XVI y XVII.

10 Armaduras de parada

Las armaduras de gala se hicieron para los grandes maestres. La del gran maestre Alof de Wignacourt tiene dibujos con incrustaciones de oro y plata.

LA CRUZ DE MALTA

La cruz de ocho puntas es el símbolo de los caballeros de la Orden de Malta. Las ocho puntas simbolizan las bienaventuranzas y las *langues* originales (idiomas nacionales) de la Orden. Se supone que las cuatro armas representan a las cuatro virtudes cardinales: fortaleza, justicia, templanza y perseverancia. El uso de este estilo de cruces no se extendió hasta mediados del siglo XVI.

Desde la derecha, en el sentido de las agujas del reloj **Sala del Embajador; estatua del patio de Neptuno; colección de armas y armaduras de la armería**

ST JOHN'S CO-CATHEDRAL, LA VALETA

J2 ⬙ Misraħ San Ġwann (entrada de visitantes por Triq Ir-Repubbliħa)
w stjohnscocathedral.com

Diseñada por Girolamo Cassar y consagrada en 1578, St John's se alza sobre La Valeta como una colosal fortaleza. En su interior la austeridad deja paso a un espacio lleno de belleza y tesoros. El suelo de mármol está cubierto de lápidas con grabados, todos los muros están esculpidos y en los techos abovedados lucen frescos de Mattia Preti (1613-1699).

1 Fachada
La sobria fachada de la catedral refleja su papel como emblema de la ciudad fortificada.

2 Campanarios
Los campanarios que flanquean la fachada sirven de modelo a los campanarios de casi todas las iglesias de Malta.

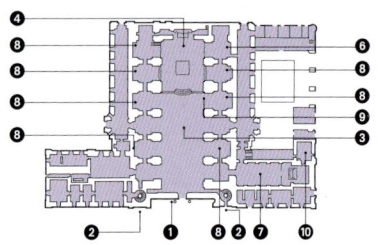

Plano de St John's Co-Cathedral

3 Nave
La nave era tan austera como la fachada.

Fue remodelada en la década de 1660, cuando Preti la reformó y pintó los frescos con escenas de la vida de san Juan.

4 Altar mayor
El altar mayor, del siglo XVII, está elaborado con oro, plata, bronce e incrustación de piedras preciosas.

aristocrático ocupante junto a símbolos que recuerdan la muerte.

CARAVAGGIO

Cuando el pintor Caravaggio llegó a Malta en 1607, su cabeza tenía precio: había asesinado a un hombre en una reyerta. A pesar de ello, el gran maestre lo nombró caballero. Sin embargo, poco después de pintar *La decapitación de san Juan Bautista* fue detenido por herir a un caballero. Tras huir, fue destituido de su rango de caballero.

6 Capilla de Nuestra Señora de Philermos

Aquí se encontraba la imagen de la Virgen de Philermos traída de Rodas, aunque ahora alberga a la Virgen de Lanciano, conocida como Virgen de Carafa.

7 Oratorio

El oratorio alberga la obra maestra de Caravaggio, *La decapitación de san Juan Bautista* (1608), que es la pintura más famosa de Malta.

5 Lápidas de mármol

El suelo de la iglesia es de mármol y bajo unas lápidas yacen los restos de 400 caballeros. Cada una de las lápidas está decorada con el escudo de armas de su

8 Capillas de las *langues*

A cada *langue* (capítulo nacional de la Orden de San Juan) se destinó una capilla en las naves laterales de la catedral. Las *langues* rivalizaban entre sí para crear la capilla más suntuosa. Las de Provenza e Italia son las más fastuosas.

9 Monumento del Gran Maestre Cotoner

El busto de bronce dorado del gran maestre y

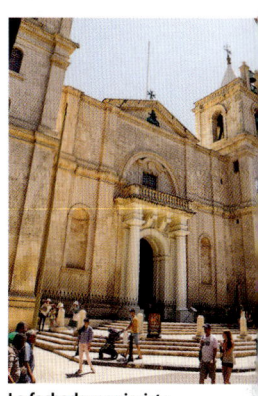

La fachada manierista de la catedral

> ☕ **BEBER**
> El cercano Caffe Cordina (p. 74), en Republic Square, tiene una terraza ideal para tomarse una bebida o un delicioso tentempié al aire libre.

estratega Nicolás Cotoner, en la capilla de Aragón, es llevado por dos esclavos que representan Asia y África.

10 Museo
🅟 H2 🗗 Por renovación (salvo el ala Caravaggio)

En el museo (p. 76) se exhiben los tesoros de los caballeros, así como pinturas de los grandes maestros, casullas con bordadas, libros antifonales, bandejas de plata y una colección de tapices del siglo XVII diseñados por Rubens, que se cuelgan en la nave de la iglesia en ocasiones especiales.

> **CONSEJO TOP 10**
> Conviene llevar zapatos planos para proteger el suelo; no se admiten tacones.

El espectacular interior, decorado con frescos

La decapitación de san Juan Bautista, **Caravaggio**

Tesoros de St John's Co-Cathedral

1. *La decapitación de san Juan Bautista* (1608)

La obra de Caravaggio ilustra el momento en el que san Juan Bautista se desploma sangrando tras el estoque de la espada.

2. Tumba en memoria del Lúgubre Segador

Al entrar en la catedral se aprecia la imagen del Lúgubre Segador, guadaña en alto, que adorna la tumba de un caballero francés. La inscripción dice: "Quien me pise no tardará en ser pisoteado".

3. Retablo de San Jorge

El retablo de la capilla de Aragón fue en su origen la carta de presentación de Mattia Preti –lo envió a Malta como muestra de su trabajo–. Posteriormente recibió el encargo de pintar los frescos del techo de la catedral.

4. Vestiduras

El museo contiene vestiduras ornamentales desde el siglo XVI, la mayoría del gran maestre español Nicolás Cotoner.

5. Custodia

Esta custodia barroca fue creada para conservar el relicario con la mano derecha de san Juan Bautista. Tras ser robada por Napoleón, se extravió en el mar.

6. Retratos de grandes maestres

Destacan los retratos del francés Antoine de Favray (1706-*c.* 1791). La obra maestra es su representación del gran maestre Pinto de Fonseca.

7. Tumbas de grandes maestres

Las capillas de las *langues* albergan esculturas en honor a grandes maestres. Una de las más suntuosas, en la capilla de Aragón, es la del gran maestre Ramón Rabassa de Perellós.

8. Tapices

Los tapices, inspirados en obras maestras de Rubens y Poussin, son piezas valiosas del museo catedralicio.

9. Puerta del Santo Sacramento

Esta puerta de plata se pintó de negro para salvarla del expolio de las tropas de Napoleón. Es una de las piezas de plata que sobrevivieron al saqueo.

10. Altar mayor

El altar mayor (1686) es un diseño barroco bañado en plata con incrustaciones de piedras preciosas. El relieve del centro, bañado en cobre, representa la última cena.

LOS CABALLEROS DE LA ORDEN DE SAN JUAN

Torre de San Nicolás en el sitio de Rodas

La Orden de San Juan, fundada en Jerusalén en el siglo XI, fue la primera orden militar. Los caballeros debían demostrar su linaje noble (una regla ancestral vigente hasta la década de 1990) y se distribuían en capítulos nacionales denominados *langues,* cuyo jefe supremo era el gran maestre. Tras la caída de Jerusalén a finales del siglo XIII, los caballeros construyeron una fortaleza en la isla de Rodas. A pesar de que en 1480 el gran maestre Pierre d'Aubusson salió victorioso del asedio otomano a Rodas, los otomanos expulsaron a los caballeros en 1522. A cambio del tributo anual de un halcón maltés vivo, el emperador del Sacro Imperio Romano, Carlos V, ofreció las islas maltesas a los caballeros, los cuales se instalaron en Malta en 1530. Repelieron a los otomanos durante el Gran Asedio de 1565, construyeron la ciudad amurallada de La Valeta y erigieron bastiones en las islas. En el transcurso de los siglos XVII y XVIII, a medida que remitía la amenaza otomana, la Orden cayó en declive. Cuando Napoleón desembarcó en la costa maltesa en 1798, los caballeros se sometieron a los franceses sin oponer resistencia. Fueron desterrados de Malta, pero la Orden se negó a disolverse. Con presencia en 120 países, mantienen su labor caritativa y religiosa.

Miniatura que muestra el ataque otomano contra los caballeros de la Orden de San Juan durante el sitio de Rodas en 1480

TEMPLOS DE MNAJDRA Y ĦAĠAR QIM

⊡ C6 **⌂** Triq Ħaġar Qim **🕐** 10.00-18.00 diario **⏊** 1 ene; Viernes Santo; 24, 25 y 31 dic **🌐** heritagemalta.mt **⚏⚏**

Estos templos de piedra caliza, construidos entre 3600 y 2500 a. C., son los mejor conservados y los más evocadores del Patrimonio Megalítico Mundial de la Unesco único de Malta. Las entradas monumentales, las salas interiores, las escaleras y los altares son una demostración de la destreza de las personas que vivían en las islas hace 5.000 años.

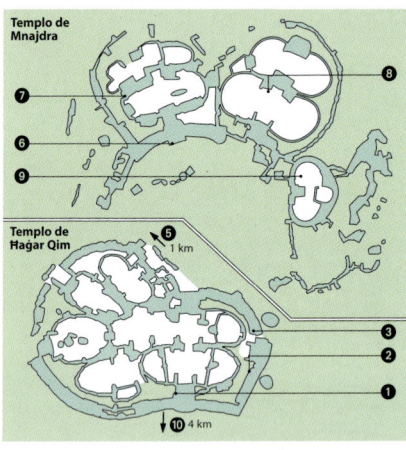

Templo de Mnajdra

Templo de Ħaġar Qim

1 km

4 km

Plano de los templos de Mnajdra y Ħaġar Qim

1 Entrada principal, Ħaġar Qim

La imponente entrada principal al templo prehistórico de Ħaġar Qim se conserva intacta, con grandes piedras color miel ensambladas entre sí.

CONSEJO TOP 10

Es muy recomendable acudir temprano para ver los primeros rayos de sol iluminando las piedras.

La *Venus de Malta*, estatuilla de barro de Ħaġar Qim

conocido como solsticio, justo al amanecer pasan los rayos de sol por el agujero formando una medialuna en uno de los megalitos del interior.

4 Objetos decorativos, Ħaġar Qim

Los objetos más especiales de Ħaġar Qim son estatuillas. Es muy famosa una figura femenina popularmente conocida como la *Venus de Malta*, una diosa de la fertilidad.

2 Piedra gigante, Ħaġar Qim

La piedra más grande del conjunto –denominada ortostato– se halla a la derecha de la entrada principal. Mide 21 m² y pesa 20 toneladas.

3 Altar exterior, Ħaġar Qim

Detrás de la piedra gigante hay un altar exterior y un agujero elíptico. El primer día de verano, también

5 Cisternas de Misqas

Un sendero conduce hasta la colina. Está surcada de cisternas con forma de campana que probablemente fueron excavadas para abastecer de agua a los templos cercanos.

6 Fachada del templo Sur, Mnajdra

El templo Sur es uno de los que mejor se conservan de Malta. La fachada tiene un banco exterior; es posible que en el patio delantero se celebrasen rituales al aire libre.

7 Entrada excavada, templo Sur, Mnajdra

Es una de las piezas más logradas de mampostería de los templos malteses. Está enmarcada por tres piedras con motivos en cisuras.

Antiguo complejo megalítico de Mnajdra

CALENDARIO DE PIEDRA

El templo Sur de Mnajdra presenta una extraordinaria alineación astronómica. En los equinoccios (21 mar y 23 sep), el sol entra por la puerta principal. En el solsticio de verano (21 jun), los rayos se reflejan sobre la gran piedra situada a la izquierda de la entrada y, en el solsticio de invierno (22 dic), en la piedra de la derecha.

8 Relieve de un templo, templo Central, Mnajdra

El templo Central, el más moderno de los tres, fue construido entre los dos ya existentes. Uno de sus enormes ortostatos muestra un relieve de la fachada de un templo.

9 Templo Pequeño, Mnajdra

Apenas queda nada del primer templo de Mnajdra, que data de la civilización de Ġgantija. La decoración con hendiduras podría ser para calcular la aparición de ciertas constelaciones.

10 Islote de Filfla

El emplazamiento del templo tiene magníficas vistas del islote. La meseta, que parece un altar, tuvo un significado especial para los artífices del templo.

MDINA Y RABAT

⚲ C4 ⓘ Torre dello Standardo, Pjazza San Publiju; 2291 5514

Capital de Malta hasta la construcción de La Valeta, Mdina es la ciudad más bonita del país, una ciudadela medieval sobre cimientos árabes y romanos. Rabat, justo en el exterior de los bastiones de Mdina, conserva buena parte de su encanto tradicional y posee algunos monumentos cristianos de interés, como la cueva donde se dice que vivió san Pablo y unas catacumbas paleocristianas.

St Agatha in the Catacombs

1 Muralla y puertas, Mdina

Las murallas fueron erigidas por los árabes. La puerta principal barroca fue construida en 1724 y restaurada más tarde. Los jardines de abajo realzan el atractivo de la zona.

> ✄ **COMER**
> Para darse un capricho, Mondion (p. 95) sirve platos mediterráneos en una casa del siglo XVII dentro de los bastiones de Mdina.

2 Triq Villegaignon, Mdina

La calle principal de Mdina está flanqueada por los palacios más antiguos y bellos de la ciudad, muchos de ellos aún ocupados por familias nobles. Las aldabas decorativas son magníficas.

3 Palazzo Vilhena, Mdina

⚲ Pjazza San Publiju
📞 2145 5951 ⏰ 9.00-17.00 ma-do ⤴

El gran maestre Manoel de Vilhena encargó en 1726 la construcción de este palacio barroco a Charles François de Mondion. Posteriormente se destinó a hospital. En la actualidad alberga el Natural History Museum.

4 Palazzo Falson, Mdina

⚲ Triq Villegaignon
⏰ 10.00-16.00 ma-do
🌐 palazzofalson.com ⤴

Este palacio, el segundo edificio más antiguo de la ciudad, tiene varias colecciones en las que hay desde objetos de plata y joyas a alfombras persas.

5 St Paul's Cathedral, Mdina

⚲ Pjazza San Pawl
⏰ 9.30-16.30 lu-sá, 15.00-17.00 do
🌐 metropolitan chapter.com ⤴

La catedral barroca de San Pablo, de Lorenzo Gafà, está coronada por una exquisita cúpula. Las lápidas de mármol del suelo están dedicadas a prelados insignes.

6 Cathedral Museum, Mdina

⚲ Pjazza ta'l-Arcisqof
⏰ 9.30-16.45 lu-sá
🌐 metropolitan chapter.com ⤴

Instalado en un edificio barroco con una notable escalera de mármol, es un museo austero pero con cierta grandiosidad. Destaca la serie de grabados en madera de Durero.

Mdina Gate, entrada a la ciudad fortificada

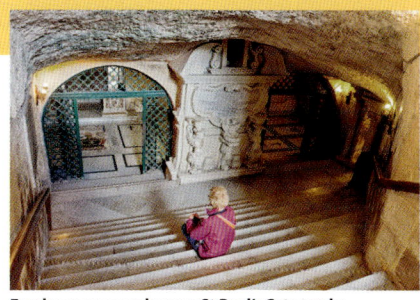

7 St Agatha in the Catacombs, Rabat

Se cree que santa Ágata oraba en estas tumbas. Semioculta en las catacumbas de Santa Ágata hay otra capilla con pinturas del siglo IV.

Escaleras que conducen a St Paul's Catacombs

8 St Paul's Basilica y St Paul's Grotto, Rabat

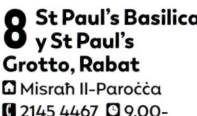

Misraħ Il-Paroċċa
2145 4467 9.00-17.00 lu-sá

Según se cree, durante su estancia en Malta san Pablo vivió en esta cueva. La iglesia posee una estatua de la Virgen a la que se atribuyen poderes milagrosos.

9 St Paul's Catacombs, Rabat

Triq Sant' Agata
9.00-16.30 diario
heritagemalta.mt

Estas catacumbas fenicias, algunas con su decoración original, fueron también refugio durante la Segunda Guerra Mundial.

10 Domvs Romana, Rabat

Il-Wesgħa Tal-Mużew 9.00-16.30 diario heritagemalta.mt

Situado en la periferia de Rabat, cerca de la puerta Griega de Mdina, este complejo consta de un pequeño museo y de los vestigios de una casa romana. El museo alberga variedad de mosaicos y esculturas.

SANTA ÁGATA

Según la leyenda, el gobernador romano se fijó en la virginal joven Ágata, oriunda de Sicilia, pero esta lo rechazó y huyó a Malta para evitar su persecución. Rezó en una pequeña cueva de Rabat, donde más tarde se construiría una capilla subterránea. De regreso a Sicilia, fue capturada por el gobernador romano, que ordenó su tortura y muerte.

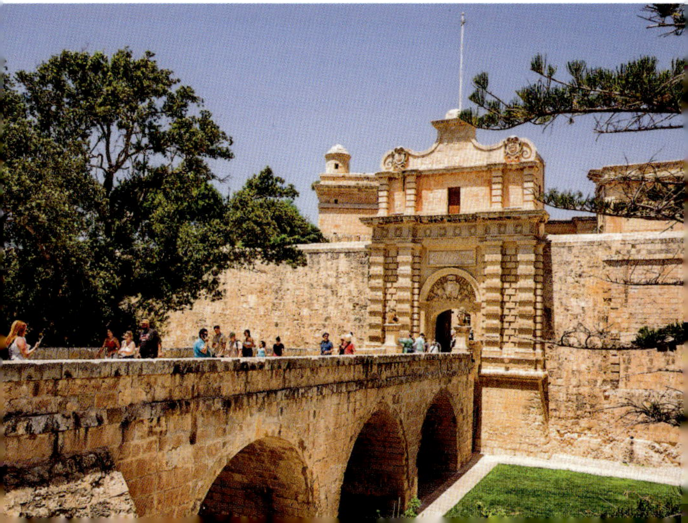

BIRGU (VITTORIOSA)

📍 E4 🏛 Inquisitor's Palace, Main Gate Street; 2291 5509

A orillas del Grand Harbour, frente a La Valeta, se encuentran las Tres Ciudades, la más histórica de las cuales es Birgu. Aquí los caballeros resistieron ante los turcos otomanos durante el Gran Asedio de 1565, por lo que la ciudad pasó a llamarse Vittoriosa. Hoy, sus serpenteantes callejuelas albergan un sorprendente número de lugares de interés a pesar de su pequeño tamaño.

Nave de la Church of St Lawrence

1 Church of St Lawrence

📍 L5 🏛 Triq San Lawrenz 📞 2182 7057 🕐 7.00-18.00 diario

Fue la primera iglesia de los caballeros de la Orden de Malta y allí se refugiaron durante el Gran Asedio.

La estructura actual fue diseñada por Lorenzo Gafa en el siglo XVI.

2 Inquisitor's Palace

📍 L5 🏛 Triq Il-Palazz Ta'L-Isqof 🕐 9.00-17.00 ma-do 🌐 heritage malta.mt

Este edificio medieval, sede de la Inquisición de Malta, conserva celdas, una sala de justicia y una cámara de torturas. Alberga el Museum of Ethnography.

3 Oratory Museum

Este museo de la Church of St Lawrence conserva el sombrero y la espada que usaba el gran maestre Jean Parisot de La Valette durante el Gran Asedio de 1565.

4 The Collachio

En este laberinto de calles medievales los caballeros tuvieron sus primeras casas en Malta. Hay un albergue de cada

---

🚌 **TRANSPORTE**
Se puede tomar el ferri de las Tres Ciudades que cruza el Grand Harbour desde Lascaris Wharf (La Valeta) hasta Birgu (Vittoriosa).

Fort St Angelo en el Grand Harbour

así como un ancla romana de 4 toneladas.

10 Vittoriosa Waterfront

El paseo marítimo de Vittoriosa, en su día muelle de los caballeros, es ahora un puerto deportivo. Una hilera de restaurantes y cafés frente al mar, entre el Fort St Angelo y el resto de Birgu, son perfectos para comer.

los caballeros llegaron a La Valeta, la Reforma había puesto fin al papel de los ingleses en la Orden de Malta.

7 Fort St Angelo

📍 K4 🕐 10.00-18.00 diario 🚫 1 ene; Viernes Santo; 24, 25 y 31 dic 🌐 heritagemalta.mt 🎫

La fortaleza de Malta traza su historia desde tiempos medievales al Gran Asedio y la Segunda Guerra Mundial, cuando fue el cuartel de la Royal Navy.

BANDAS DE MÚSICA

En la plaza principal de Birgu está la sede del St Lawrence Band Club, que se identifica por sus blancas filigranas de hierro. En los tiempos de los británicos la banda era conocida como la Duke of Edinburgh Band Club. Ahora cada parroquia de Malta tiene una banda de música que toca en su *festa* anual.

grupo lingüístico (todos cerrados al público).

5 Malta at War Museum

📍 L6 🏛 Couvre Porte Gate 🕐 10.00-16.30 lu-sá 🌐 maltaat warmuseum.com 🎫

Este museo contiene un refugio antiaéreo excavado en las rocas de Malta.

6 Auberge d'Angleterre

📍 L5 🏛 Majjistral

Es el único albergue inglés de Malta. Cuando

8 Muelle n°1

Fue la base en el Grand Harbour de los barcos británicos de la Royal Navy. Ahora es un paseo junto al mar.

9 Malta Maritime Museum

📍 K5 🏛 Vittoriosa Waterfront 🕐 Cerrado temporalmente por restauración (excepto para exposiciones especiales) 🌐 malta maritimemuseum.mt

Este museo era la panadería de la Royal Navy. Ahora conserva modelos de los barcos de los caballeros y de los británicos,

Yates amarrados en el puerto de Vittoriosa

MARSAXLOKK

📍 F5 ℹ️ Triq Il-Wilga; 2291 5512

Este pueblo pesquero se halla en una bahía azul. En el puerto se mecen las tradicionales barcas de pesca y en los muelles se extienden redes de pesca de distintas tonalidades. Varias marisquerías familiares se alinean en la explanada, convirtiéndola en uno de los mejores lugares de la isla para degustar platos como el *lampuki* (dorada) y el guiso de pulpo.

1 Muelles
El puerto de Marsaxlokk está rodeado de muelles donde se extienden coloridas redes de pesca azules y verdes. Los pescadores locales generalmente están ocupados reparando los barcos o remendando dichas redes.

2 Luzzus
El diseño de estas barcas tradicionales de colores se atribuye a los fenicios, que desembarcaron en Malta hacia el año 800 a. C. En todas las proas está pintado el ojo de Osiris, un talismán ancestral de protección de origen egipcio.

3 Our Lady of Pompeii
La iglesia de Nuestra Señora de Pompeya se alza junto al puerto. Presenta dos relojes, uno de los cuales es un reloj pintado que marca unos minutos antes de la medianoche para ahuyentar a los espíritus malignos. La iglesia tiene buenas obras de arte.

4 Mercado de pescado dominical
Tanto residentes como visitantes acuden a curiosear el surtido de productos frescos de los puestos de los muelles. El mejor pescado se distingue por el brillo de los ojos y las branquias rojas.

5 Mercado diario
Una sección de los muelles se destina a un mercado diario donde se vende de todo, desde

CONSEJO TOP 10
Los domingos los restaurantes se llenan de familias. Conviene reservar.

Desde arriba,
en el sentido de las
agujas del reloj
St Peter's Pool, popular
destino de baño; pesca
variada en el mercado
de pescado dominical;
St Lucian's Tower,
antigua torre vigía

prendas tradicionales, encajes malteses hechos a mano y recuerdos hasta objetos cotidianos.

6 St Lucian's Tower

La torre de San Luciano, una espléndida fortaleza, custodia la península de Marsaxlokk. Erigida por los caballeros en 1610 como elemento de defensa costera.

7 St Peter's Pool

La cala más cercana a Marsaxlokk está oculta en el flanco este de Delimara Point. Es un lugar aislado y puede ser peligroso nadar si el mar está picado.

8 Delimara Point

Esta lengua de tierra se adentra en el mar más

Típicas *luzzus*
en el puerto

allá del puerto de Marsaxlokk. Tranquila y agreste, alberga ensenadas, huertas y senderos. Es un lugar famoso entre buceadores.

9 Restaurantes de pescado

En muchas de las antiguas casas de pescadores que rodean los muelles se han instalado restaurantes. Los domingos es costumbre tomar pescado tras visitar el mercado.

10 Xrobb l-Għaġin Nature Park

Una espectacular reserva natural que tiene praderas cubiertas de flores, ruinas de templos antiguos y acantilados calcáreos que protegen calas y bahías apartadas. Un lugar ideal para senderistas y amantes de la fotografía.

LA CUMBRE DEL MAREO

Los días 2 y 3 de diciembre de 1989 Mijaíl Gorvachov y George Bush pusieron fin a la Guerra Fría tras dos días de conversaciones a bordo de un crucero amarrado en Marsaxlokk Bay, solo unos días después de la caída del Muro de Berlín. Desafortunadamente, la cumbre coincidió con uno de los peores temporales que ha azotado la costa maltesa. La flotilla, que fue anclada en la bahía, sufrió serios daños, de ahí que la prensa apodase el encuentro como la "cumbre del mareo".

ĦAL SAFLIENI HYPOGEUM

📍 E5 🏠 Triq Ic-Ċimiterju 🕐 10.00-18.00 diario 🌐 heritagemalta.mt ♿

Esta necrópolis subterránea es uno de los yacimientos arqueológicos más extraordinarios del mundo. La planta superior se remonta a 3600 a. C. y las cámaras recuerdan la configuración de los templos de las islas. Las pinturas de color rojo ocre son las más antiguas, así como las únicas prehistóricas encontradas en las islas maltesas.

1 Trilito de entrada

Algunas construcciones fueron destruidas a principios del siglo XX, pero se conservan elementos como el trilito compuesto por dos grandes piedras sosteniendo un dintel.

2 Planta superior

La sección más antigua es la planta superior (3600-3300 a. C.), donde los constructores del templo original aprovecharon una cueva natural. Solo aquí hay restos de huesos.

3 Planta media

En esta planta (3000-2500 a. C.) se ubican las cámaras más importantes y los ejemplos más logrados de talla y ornamentación en piedra.

CONSEJO TOP 10

Conviene reservar con antelación; solo se permiten 80 visitantes al día.

Plano de Ħal Saflieni Hypogeum

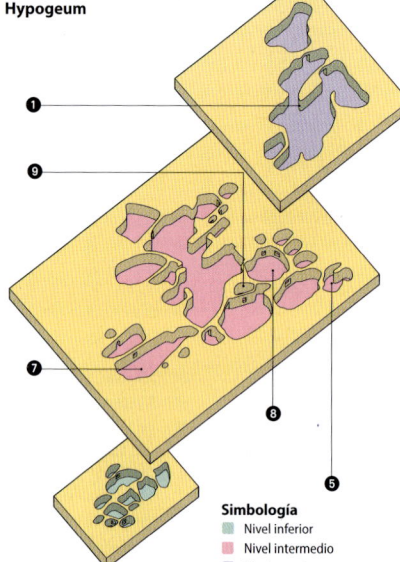

Simbología
- 🟩 Nivel inferior
- 🟥 Nivel intermedio
- 🟪 Nivel superior

4 Planta baja

A la planta baja del hipogeo (300-2500 a. C.) se llega a través de unos escalones irregulares, que llevan a unas cámaras separadas por muros de unos 2 m. Moverse de una sala a otra puede resultar difícil. Esta planta se usaba como lugar de almacenamiento.

5 Sancta-sanctórum

A esta cámara se accede a través de una fachada monumental esculpida, que se distingue por un trilito.

6 Dama durmiente

Una de las esculturas antiguas más bonitas de Malta representa a una

Necrópolis neolítica subterránea Ḥal Saflieni Hypogeum

EL HIPOGEO Y EL CÍRCULO DE XAGḤRA

Las excavaciones se iniciaron a principios del siglo XX utilizando técnicas rudimentarias. Se perdió la mayoría de las primeras anotaciones y la falta de información supuso un contratiempo para los arqueólogos.

No obstante, el descubrimiento del círculo de Xagḥra en Gozo y la nueva información proporcionada ha mejorado la comprensión del hipogeo.

de esta magnífica cámara. El agujero excavado en el muro se puede usar para efectos teatrales; produce un sorprendente eco de voces graves en la cámara.

8 Cámara principal

En los muros curvilíneos de la cámara principal hay encastrados una serie de nichos cuya función se desconoce. Tal vez sirviesen como hornacinas para estatuas o como urnas para los difuntos antes de ser trasladados a otro lugar.

9 Pozo en la roca

Junto a la cámara principal hay una pequeña caverna conocida como el pozo de la Serpiente o pozo votivo, que posiblemente se utilizase para guardar los animales para sacrificios. Aquí se halló la famosa estatua de la *Dama durmiente*.

10 Piezas recuperadas

De las numerosas piezas halladas en el hipogeo destacan amuletos, figurillas y vasijas. También hay una estatua sin cabeza junto a dos cabezas de caliza, una de las cuales encaja perfectamente.

mujer durmiendo. Tal vez esta dama simbolice la muerte con su sueño o represente a una diosa. La pieza original se encuentra en el National Museum of Archaeology (p. 48).

7 Cámara del Oráculo

Pinturas en forma de espiral decoran el techo

Pinturas de color ocre en la cámara del Oráculo

CIUDADELA (VICTORIA), GOZO

🗺 D2

Todos los caminos de Gozo conducen a Victoria. La capital de Gozo está presidida por la ciudad amurallada, que protegía a la población frente a las incursiones de corsarios, sarracenos y otomanos. Actualmente restaurada, ofrece magníficas vistas de la isla y alberga la catedral y un par de museos.

Grupo de chamanes, Museum of Archaeology

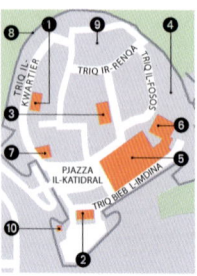

> ✳ **COMER**
> El apartado Ta'Rihardu (*p. 107*) es ideal para saborear una comida sencilla pero deliciosa, regada con el vino producido por el propietario.

1 Gozo Nature Museum

🏠 Triq Il-Kwartier San Martin 🕐 9.00–17.00 ma-do ♿

El Museo de Ciencias Naturales de Gozo alberga muestras de las especies de la isla, de geografía y de geología. Destaca un fragmento de roca lunar que el expresidente de EE. UU. Nixon donó al pueblo maltés.

2 Museum of Archaeology

🏠 Triq Bieb L-Imdina 🕐 9.00–17.00 ma-do 🌐 heritagemalta.mt ♿

Contiene piezas de Ġgantija, el círculo de Xaghra y otras ciudades gozitanas. Destaca un grupo de chamanes.

3 Gran Castello Historic House (Folklore Museum)

🏠 Triq Bernardo DeOpuo 🕐 9.00–17.00 ma-do 🌐 heritagemalta.mt ♿

Este museo está formado por casas antiguas de la Ciudadela conectadas entre sí. Entre las muestras de la vida rural figura la reconstrucción de una vivienda.

4 Polvorín, batería, refugio y silos

🏠 Triq Il-Foss 📞 2291 5452 🕐 Diario

Aquí puede visitarse el antiguo polvorín e interior de los silos de grano de los caballeros, así como un refugio de la Segunda Guerra Mundial con un túnel secreto.

5 Catedral de la Asunción

🏠 Pjazza Katidral 🕐 lu-sá 🌐 gozo cathedral.mt

La catedral barroca fue diseñada por el

Recorriendo la antigua Ciudadela

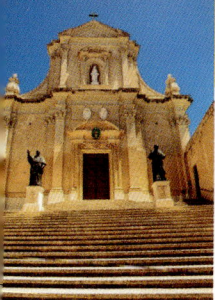

Escalinata de la catedral de la Asunción

célebre arquitecto y escultor Lorenzo Gafà y completada en 1711. Se cree que hace 2.000 años este era el emplazamiento de un templo romano dedicado a Juno.

6 Cathedral Museum

⌂ Triq Il-Foss
⏱ 9.00–17.00 ma-do ⊕ gozo cathedral.mt ↗

El Museo de la Catedral posee piezas singulares como la estola del arzobispo de El Salvador Óscar Romero, asesinado mientras oficiaba una misa en 1980.

7 Old Prison

⌂ Pjazza Katidral
⏱ 9.00–17.00 ma-do
⊕ heritagemalta.mt ↗

Esta cárcel se utilizó desde mediados del siglo XVI al siglo XX. Aún se aprecian inscripciones de presos, entre ellas las de la rendición de una galera de remeros. En su juventud, el gran maestre De La Valette fue recluido aquí tras una reyerta.

8 Muralla

La muralla de la Ciudadela debe su actual aspecto a los caballeros, quienes la reforzaron tras su victoria contra los otomanos en 1565. Pese a que sofocaron la amenaza otomana, los caballeros temían las represalias.

9 Ruinas medievales

Gran parte de la sección norte de la Ciudadela consta de casas, muros y calles en ruinas, que en

---

DRAGUT RAIS Y EL SAQUEO DE 1551

Gozo sufrió innumerables incursiones de piratas y corsarios. La más importante se produjo en 1551, cuando Dragut Rais atacó la Ciudadela y esclavizó a casi 6.000 personas. Bernardo de Opuo, un soldado local, consideró tan intolerable que su esposa e hijas fuesen vendidas como esclavas que optó por degollarlas antes que permitir su captura. Una calle lleva su nombre.

---

muchos casos se reducen a escombros. Algunas datan del siglo XV y para su reconstrucción se han solicitado fondos a la Unión Europea.

10 Centro de interpretación de la Ciudadela

Ubicado en dos antiguos depósitos de agua construidos en la década de 1870, ofrece muestras sobre la evolución de la Ciudadela.

DWEJRA, GOZO

⚲ C1

El extremo occidental de Gozo, conocido como Dwejra, tiene una costa golpeada por las olas con abruptos acantilados, insólitas formaciones rocosas y cabos azotados por el viento. Esta zona está considerada una de las mejores del Mediterráneo para el buceo, y sus acantilados están surcados por senderos con magníficas vistas.

1 Dwejra Point
Este espectacular cabo en el extremo más occidental de Gozo estuvo dominado en otro tiempo por Azure Window, una roca en forma de arco que era el lugar más fotografiado de Gozo. Por desgracia el arco se derrumbó durante una tormenta en 2017.

2 Inland Sea
Esta laguna de aguas bajas, que se formó al colapsar una enorme cueva, siempre está en calma y es un lugar perfecto para nadar. Desde aquí salen las excursiones en barco por Dwejra.

3 Fungus Rock
La roca de la bahía de Dwejra debe su nombre a una planta rara, *Cynomorium coccineum,* que aún crece allí. Los caballeros apreciaban mucho esta planta: quien fuera sorprendido robándola era condenado a tres años de galeras. En la actualidad aún se prohíbe el acceso a la roca.

4 Blue Hole
El agujero Azul es otro interesante fenómeno natural cerca de

Buceando en el popular Blue Hole

**Paseo en barca
por Inland Sea**

9 Excursiones en barco

Los pescadores organizan excursiones desde la laguna interior hasta Dwejra Point a través de una hendidura del acantilado. Vale la pena realizarlas aunque ya no exista la Azure Window.

10 Flora y fauna

A pesar de la caza furtiva, los acantilados de Dwejra constituyen un importante lugar de anidamiento. Además, la singular lagartija maltesa habita Fungus Rock.

CONSEJO TOP 10

Es buena idea visitar Dwejra al atardecer; las puestas de sol son inolvidables.

Dwejra Point, una chimenea de unos 10 m de ancho y 25 m de largo que conecta la laguna interior con el mar abierto a través de un arco subterráneo. Es una zona de buceo muy popular.

5 Dwejra Bay

El mejor lugar para nadar es la bahía que rodea Fungus Rock, dado que las rocas facilitan el acceso al mar. Además, es un conocido fondeadero de yates.

6 Chapel of St Anne

La capilla de Santa Ana mira a la laguna. Construida en 1963 en el emplazamiento de una iglesia mucho anterior, está algo descuidada, pero es muy querida por los habitantes.

7 Dwejra Tower

Esta pequeña torre fue erigida por los caballeros en el siglo XVI para proteger Fungus Rock, conocida como General's Rock (Roca del General). Para cubrir los gastos de funcionamiento, los caballeros fabricaban y vendían sal de las salinas cercanas.

8 Buceo

Dwejra es una zona marina protegida muy popular entre los buceadores. La página web oficial de turismo de Malta (*visitmalta.com*) ofrece información sobre los centros de buceo de la zona, mientras que en el Dwejra Marine Environmental Education Centre se puede observar la vida marina sin necesidad de mojarse, con vídeos, modelos y paneles.

LA ROCA DEL GENERAL

Fungus Rock es conocida por los malteses como la Roca del General por un militar italiano que murió tras caer por sus acantilados. La planta que llaman General's Root, un hongo de Malta, se creía que curaba la disentería, detenía las hemorragias y prevenía las infecciones. De ahí que se vigilara constantemente la roca para disuadir a los ladrones. Aunque la ciencia moderna ha revelado que la planta no tiene valor medicinal, la roca sigue protegida por razones de conservación.

COMINO

🔎 A1

Comino es una diminuta y paradisiaca isla con una población estable de solo tres habitantes y sin hoteles ni tiendas.
Se tarda apenas un par de horas en recorrer la isla, con imponentes acantilados y calas rocosas donde los visitantes rara vez se aventuran, ni siquiera en pleno verano. El enclave natural más famoso de Comino es la maravillosa Blue Lagoon.

1 Comino Tower

El edificio más imponente de Comino es la torre de Santa María, una torre vigía almenada que controla la bocana entre Malta y Gozo. Erigida en 1618 por Alof de Wignacourt, fue restaurada en 2002 y conserva muchos de sus elementos originales.

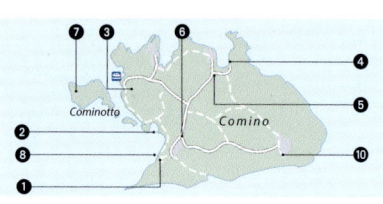

2 Blue Lagoon

Esta laguna natural separa Comino y el islote de Cominotto. Sus claras aguas son populares entre las familias, sobre todo en los meses de verano.

3 Crystal Lagoon

La laguna de Cristal, una ensenada natural, está rodeada por abruptos acantilados, por lo que solo es accesible en barco. Gracias a sus cristalinas aguas, es popular entre los usuarios que practican esnórquel.

4 Santa Marija Bay

La segunda playa arenosa de Comino, flanqueada por unos

TRANSPORTE
Varias compañías de ferri ofrecen viajes diarios de ida y vuelta a la isla de Comino desde distintos puertos de Malta y Gozo.

bungalós y una comisaría pintados de rosa junto a una capilla encalada, es perfecta para nadar y bucear.

5 Chapel of the Return from Egypt

2155 6826 **Durante la misa: may-oct: 18.45 sá (jun y jul: también 20.00)**

Esta encantadora capilla que mira a Santa Marija Bay se construyó en el siglo XIII. Su sencillo campanario y los muros encalados recuerdan a las capillas griegas.

6 Isolation Hospital

Construido por los británicos en la década de 1890, este hospital abandonado fue centro de cuarentena de los soldados británicos que volvían a Malta de zonas orientales aquejadas de cólera.

7 Cominotto

Cominotto es un islote situado junto a la Blue Lagoon, frente a Comino. Con una playa (en bajamar se puede caminar desde Comino) y un litoral rocoso con muchas cuevas, constituye uno de los mejores destinos de buceo de la zona.

8 P31 Diving Site

Este antiguo dragaminas de Alemania Oriental, el único pecio en las costas de Comino, fue hundido para que se pudiera bucear alrededor suyo.

9 Flora y fauna

Comino es uno de los pocos lugares de la zona en que se respeta la prohibición de cazar, y se observan aves, especialmente en primavera. Es una isla más bien árida, pero posee una vegetación variada.

10 St Mary's Battery

Esta batería fue construida por los caballeros en 1714 como parte de una cadena de defensas costeras de las islas maltesas. Rematada por una plataforma de artillería, los cañones nunca se dispararon. Ahora es un mirador para proteger a las aves migratorias.

Plataforma de artillería, St Mary's Battery

La espectacular Blue Lagoon

EL MESÍAS SEFARDÍ
El gran sueño del judío sefardí Abraham ben Samuel Abulafia era crear una nueva religión que uniera a judíos, cristianos y musulmanes. Viajó a Roma con la esperanza de convertir al papa Nicolás III, que murió antes de cumplir su amenaza de quemar en la hoguera a Abraham. Tras eludir su destino, Abraham se retiró a una cueva de la desierta isla de Comino durante tres años.

LO MEJOR DE MALTA Y GOZO

Salinas cerca de Marsaskala

TEMPLOS Y MONUMENTOS

1 Clapham Junction
En Malta se pueden encontrar surcos o rodadas de carro sobre la caliza. Los más antiguos parecen ser de la Edad del Bronce. Aunque su origen se desconoce, probablemente se debiesen a algún medio de transporte. Dada la considerable cifra de rodadas que se encuentran en Misraħ Għar il-Kbir, este lugar se conoce como Clapham Junction *(p. 93)*, una famosa estación de tren londinense.

2 Ta' Ħaġrat, Mġarr
Hay dos templos *(p. 85)*: el más grande, construido entre 3600 y 3000 a. C., es uno de los más antiguos de las islas, mientras que el más pequeño data de 3300-3000 a. C. La vista de Mġarr, al fondo del templo, es magnífica.

3 Ġgantija, Xagħra, Gozo
Con vistas a la llanura central de Gozo *(p. 103)*, es uno de los yacimientos neolíticos mejor conservados de las islas. El templo más antiguo se construyó en 3600 a. C., y el más reciente se levantó cerca de este pocos años después.

4 Ħaġar Qim, Qrendi
Ħaġar Qim *(p. 28)* se encuentra en una acrópolis de piedra caliza. Aquí se encontró un grupo de figuras de las llamadas diosas de la fertilidad, así como un altar decorado.

5 Tarxien, Paola
De todos los complejos de templos más antiguos de las islas, Tarxien destaca por su intrincada decoración *(p. 97)*. Se han hallado figuras femeninas y repujados relieves. El altar que contiene una daga de sílex y huesos de animales probablemente estaba destinado al sacrificio de animales.

6 Mnajdra, Qrendi
Mnajdra *(p. 28)* es el templo más polular debido a su emplazamiento en un acantilado que ha propiciado que apenas haya cambiado. Construido de acuerdo con el alineamiento solar de solsticios y equinocios, se describe como un calendario de piedra.

7 Cueva y Museo de Għar Dalam, Birżebbuġa
En la cueva de la Oscuridad *(p. 96)* vivieron los primeros humanos en

**Cueva y Museo de Għar
Dalam, Birżebbuġa**

Malta hace más de 7.000 años. En este excepcional yacimiento se ha encontrado una increíble cantidad de fósiles que demuestran que en las islas vivían elefantes enanos, hipopótamos y lirones gigantes.

8 Ħal Saflieni Hypogeum, Paola

Este hipogeo, uno de los más extraordinarios yacimientos prehistóricos de Europa, es un conjunto funerario excavado en la roca (*p. 36*).

9 Skorba, Żebbiegħ

Este templo (*p. 85*) es, junto con el de Ġgantija en Gozo, uno de los edificios independientes más antiguos del mundo (aunque no queda mucho en pie). Tras algunas exploraciones previas, las excavaciones se retomaron en la década de 1960. Fue construido sobre un asentamiento aún más antiguo donde se hallaron algunas de las primeras representaciones de la figura humana, hoy en el National Museum of Archaeology de La Valeta (*p. 48*).

10 Círculo de Xagħra, Gozo

📍 E1 🏛 Al público
🌐 heritagemalta.mt

Este lugar de enterramiento subterráneo, que no ha sido alterado por las excavaciones anteriores, ha revelado nuevos datos cruciales, restos humanos y objetos. Los más importantes se exhiben en el Ġgantija Interpretation Centre (*p. 49*).

**Entrada al templo
de Ġgantija, Xagħra**

TOP 10
HALLAZGOS
ARQUEOLÓGICOS

1. *Dama durmiente*
Esta estatua, esculpida hacia el año 3000 a. C., fue hallada en el Ħal Saflieni Hypogeum (*p. 36*).

2. *Venus de Malta*
A diferencia de las representaciones femeninas de numerosos templos, esta de Ħaġar Qim sorprende por su realismo.

3. Figurillas rojas de Skorba
Las primeras imágenes de la figura humana en Malta son el grupo de figurillas femeninas halladas en Skorba.

4. Dos grandes damas
Estas dos damas descubiertas en el círculo de Xagħra, en Gozo, se reclinan en una cama tallada.

5. Grupo de chamanes
Este grupo de figurillas (*p. 38*) se encontró en el círculo de Xagħra, en Gozo.

6. Relieve de serpiente
La piedra desenterrada en Ġgantija está labrada con una sinuosa serpiente cuyo significado se desconoce.

7. Vasija del pájaro
En esta delicada vasija de Ġgantija se repite el patrón de un ave con cresta.

8. Frisos de animales
Los elegantes relieves de corderos y cerdos decoran un par de bloques de piedra hallados en Tarxien.

9. Altar de Tarxien
Este altar de piedra alberga un compartimento secreto donde se hallaron una daga de sílex y huesos de animales.

10. La diosa gigante de Tarxien
Solo se conserva la mitad inferior de la que tal vez sea la más impresionante de las diosas de la fertilidad. Se puede ver una réplica.

Dama durmiente, esculpida en arcilla

MUSEOS

1 Cathedral Museum, Mdina

Junto a las pinturas religiosas maltesas e italianas, el museo *(p. 30)* posee un excepcional grupo de grabados del artista alemán Alberto Durero (1471-1528). Otras piezas destacadas son una fina iglesia de plata, el carruaje de un obispo y una notable colección de monedas de Malta, desde los cartagineses al siglo XX.

2 Wignacourt Museum, Rabat

📍 C4 🏛 Parish Square, College Street 🕐 9.30-17.00 diario 🌐 wignacourtmuseum.com ↗

Este museo sin igual, alojado en un edificio barroco del siglo XVIII de Rabat, exhibe iconos, relicarios y cuadros. También lleva a la cueva de san Pablo y a los refugios de la Segunda Guerra Mundial.

3 Museum of St John's Co-Cathedral, La Valeta

En el Museo de la Concatedral de San Juan *(p. 25)* se exhiben tesoros de los caballeros, como vestiduras, retratos de grandes maestres (destaca el del maestre Pinto, de Antoine de Favray), tapices y la custodia fabricada para guardar la mano derecha de san Juan Bautista. Parte del museo se ha renovado y se reabre al público a finales de 2025.

4 National Museum of Archaeology, La Valeta

Una visita al Museo Nacional de Arqueología *(p. 69)* es esencial para comprender la historia de Malta.

Destacan el colgante de Horus y Anubis, las dagas de bronce y un sarcófago antropomorfo de cerámica de la época fenicia.

5 National War Museum, Fort St Elmo, La Valeta

📍 K1 🏛 Fort St Elmo 🕐 Mar-oct: 10.00-18.00 diario; nov-feb: los horarios varían, consultar la página web 🌐 heritagemalta.mt ↗

El fuerte de San Telmo fue el primer objetivo de los otomanos durante el Gran Asedio. Ha sido restaurado para albergar el Museo Nacional de la Guerra. Ofrece muestras multimedia y objetos como un todoterreno de Eisenhower y la cruz de san Jorge, o la mesa donde se firmó la rendición de los franceses.

6 Malta at War Museum, Birgu

El Museo de Malta en Guerra *(p. 33)* tiene objetos originales, exposiciones y permite visitar uno de los mayores refugios subterráneos de Malta. También se puede ver un documental con imágenes de Malta durante la guerra.

7 Malta Maritime Museum, Birgu

El Museo Marítimo de Malta muestra desde maquetas de barcos a falúas construidas para grandes maestres *(p. 33)*. Destacan los adornos náuticos tradicionales, entre ellos una imagen de san Jorge y el dragón.

**Patio interior del
Wignacourt Museum**

8 MUŻA-National Museum of Arts, La Valeta

Entre las obras más destacadas figuran las de Mattia Preti (1613-1699) y una acuarela de La Valeta realizada por el pintor Turner (1775-1851), que nunca visitó las islas. El Museo Nacional de Arte (p. 70) está en el Auberge d'Italie, un edificio del siglo XVI.

9 Ġgantija Interpretation Centre, Gozo

⊙ E1 **☎** 2155 3194 **⊙** 10.00-18.00 diario

El Centro de Interpretación de Ġgantija expone los hallazgos de los templos (p. 103) y del enterramiento neolítico, el hipogeo de Xaħgra (p. 47), además de objetos de otros yacimientos prehistóricos. Está conectado con los templos por un camino con vistas al paisaje de alrededor.

10 Lascaris War Rooms, La Valeta

Este museo bélico (p. 69) ocupa las dependencias de operaciones militares, en el interior de los bastiones de La Valeta, usados por los británicos durante la Segunda Guerra Mundial y por la OTAN durante la Guerra Fría en 1960 para controlar los submarinos soviéticos.

Centralita telefónica de la II Guerra Mundial, Lascaris War Rooms

TOP 10 ARTISTAS Y ARQUITECTOS

1. Francesco Buonamici *(1490-1562)*
Este célebre ingeniero italiano diseñó los primeros edificios barrocos de La Valeta.

2. Girolamo Cassar *(1520-1592)*
Cassar fue el arquitecto al que se encargó el Grand Master's Palace y St John's Co-Cathedral.

3. Francesco Laparelli da Cortona *(1521-1571)*
Discípulo de Miguel Ángel, el papa le encomendó la supervisión de la construcción de La Valeta.

4. Mateo Pérez de Alesio *(1547-1616)*
El antiguo pupilo de Miguel Ángel fue el artífice del friso del Gran Asedio del Grand Master's Palace.

5. Tommaso Dingli *(1591-1666)*
Dingli diseñó muchas de las iglesias renacentistas más bellas de Malta, entre ellas la de Santa María en Attard.

6. Mattia Preti *(1613-1699)*
Pintor de la nave de St John's Co-Cathedral, es considerado por muchos como el mejor artista de Malta.

7. Lorenzo Gafa *(1638-1703)*
Este excepcional arquitecto barroco diseñó las catedrales de Mdina y Gozo.

8. Andrea Belli *(1703-1772)*
Por encargo del gran maestre Pinto, Belli remodeló el Auberge de Castille con magníficos ornamentos barrocos.

9. Antoine de Favray *(1706-1791)*
Los retratos y paisajes de este artista francés se exponen en el MUŻA-National Museum of Arts.

10. Edward Lear *(1812-1888)*
Conocido por sus poemas *nonsense* (sin sentido), Lear fue un experto acuarelista enamorado del paisaje de Malta.

IGLESIAS Y CATEDRALES

1 St Paul's Cathedral, Mdina

La catedral de San Pablo *(p. 30)* se levanta sobre el emplazamiento de la villa del gobernador romano Publio, a quien san Pablo convirtió al cristianismo. Lorenzo Gafa diseñó la estructura barroca tras el terremoto que destruyó la original.

2 St Paul's Shipwreck Church, La Valeta

Para muchos, la llegada de san Pablo en el año 60 es el hecho más importante de la historia maltesa. En la iglesia del Naufragio de San Pablo *(p. 69)*, dedicada al patrón de Malta, hay un fragmento del pilar donde fue decapitado y una reliquia de su muñeca.

3 Church of St Lawrence, Birgu

Los caballeros y el pueblo celebraron el fin del Gran Asedio en la iglesia de San Lorenzo en 1565. La actual iglesia *(p. 32)* fue diseñada por Lorenzo Gafa en 1681 y restaurada tras la Segunda Guerra Mundial.

4 Xewkija Rotunda, Gozo

Se dice que la cúpula de la iglesia de Xewkija *(p. 103)*, terminada en 1971, es la tercera más grande de Europa, aunque los habitantes de Mosta aseguran que su cúpula la supera. La iglesia tiene capacidad para albergar el triple de la población de Xewkika.

5 Chapel of the Return from Egypt, Comino

Situada junto a Santa Marija Bay, esta pintoresca capilla *(p. 43)* data del siglo XIII. La sencilla estructura encalada está rematada por tres campanas bellamente decoradas. Se dice misa dos veces por semana.

6 Mosta Dome, Mosta

La gran cúpula *(p. 92)* de Nuestra Señora de la Asunción se construyó entre 1833 y 1871. Durante la Segunda

Altar mayor bajo la imponente Mosta Dome

Guerra Mundial, una bomba alemana cayó sobre el techo pero milagrosamente no explosionó.

7 Parish Church of Senglea (L-Isla)

La iglesia original del siglo XVIII *(p. 78)* fue destruida en la Segunda Guerra Mundial, pero ha sido restaurada. Está dedicada a Nuestra Señora de las Victorias y tiene una estatua de madera recubierta de plata de la Virgen María, así como un monumento en memoria de los caídos en la Segunda Guerra Mundial.

8 St John's Co-Cathedral, La Valeta

La concatedral de San Juan *(p. 24)*, uno de los monumentos más emblemáticos de La Valeta, fue construida por Girolamo Cassar como iglesia conventual de los caballeros. Está profusamente decorada y esconde muchos tesoros.

9 Catedral de la Asunción, Victoria

Lorenzo Gafa diseñó la catedral barroca de Gozo *(p. 38)*, con una magnífica bóveda con trampantojos, en el corazón de la Ciudadela de Gozo.

10 Ta' Pinu Basilica, Gozo

Miles de malteses acuden cada año a Nuestra Señora de Ta' Pinu *(p. 105)* con la esperanza de que cure sus enfermedades. La infinidad de exvotos simbolizan la fuerza de su fe.

Espectacular fachada de Ta'Pinu Basilica, Gozo

TOP 10
FIGURAS RELIGIOSAS

1. San Juan Bautista
San Juan es el patrón de los caballeros desde la fundación de la Orden.

2. Santa Ágata
Según se cree, santa Ágata, patrona de Malta, se ocultó en una cueva de Rabat Malta de sus perseguidores romanos.

3. San Publio
Convertido al cristianismo por san Pablo, el gobernador romano Publio fue nombrado primer obispo de Malta.

4. San Pablo
En al año 60 san Pablo naufragó frente a las islas; posteriormente convirtió a la población local al cristianismo.

5. Papa Pío V
Pío V contribuyó a la financiación de la construcción de La Valeta y envió a sus mejores ingenieros para la supervisión.

6. Nuestra Señora de la Asunción
Es la encarnación más popular de la Virgen María en Malta. Su festividad, el 15 de agosto, es una de las más señaladas.

7. Nuestra Señora de Ta' Pinu
A Nuestra Señora de Ta' Pinu se le atribuyen milagrosos poderes curativos y mucha gente acude a la basílica *(p. 105)* en busca de cura.

8. San Pedro
La festividad de los santos Pedro y Pablo, el 29 de junio, coincide con las fiestas maltesas de Mnarja *(p. 65)*.

9. San Jorge Preca
Conocido en la zona como Dun Ġorġ, este sacerdote maltés que compuso cinco nuevos misterios para el Rosario fue canonizado en 2007.

10. San Andrés
San Andrés es el patrón de los pescadores y su imagen se aprecia en hornacinas iluminadas por todas partes en las islas. Hay una estatua junto al mar, en Xlendi.

PARAJES DE BELLEZA NATURAL

1 San Blas Bay, Gozo
Esta apartada playa *(p. 106)* se extiende al fondo de un valle lleno de árboles frutales. Su arena rojiza produce un singular contraste con el verdor de las huertas. No hay carretera de acceso directo y solo dispone de un chiringuito de verano, por lo que casi siempre está muy tranquila.

2 Fomm Ir-Riħ Bay
Esta bahía *(p. 88)*, remota y salvaje, está rodeada de colinas con muros de piedra clara. La única manera de bajar a la ensenada es por una empinada escalera de piedra excavada en la roca, gracias a lo cual es una de las escasas playas maltesas poco frecuentadas en verano.

3 Dwejra, Gozo
Gracias a unos espectaculares acantilados, rocas supuestamente mágicas y ensenadas, este famoso tramo del litoral gozitano *(p. 40)* es una de las zonas más bellas de todo el archipiélago maltés.

4 Ta' Ċenċ Cliffs, Gozo
Estos acantilados argénteos *(p. 104)* son de una belleza extraordinaria, especialmente al atardecer. Al borde de los acantilados discurre un precioso sendero, y el paisaje de caliza está surcado de misteriosas rodadas de carro de la Edad del Bronce. A pesar de la caza

Entramado de salinas cerca de Reqqa Point, Gozo

furtiva, los acantilados albergan una reserva natural de aves acuáticas y terrestres, entre ellas el roquero solitario.

5 Salinas, Gozo
Las salinas *(p. 106)* que hay entre Xwieni Bay y Reqqa Point se forman por hendiduras en la piedra caliza justo al borde del mar. En los temporales de invierno, las charcas se llenan de agua marina, que, tras evaporarse con el calor estival, se cristaliza formando la sal. Las charcas, vítreas en invierno y de tonalidad blanquecina en verano, poseen una peculiar belleza.

6 Marfa Ridge
En el extremo norte Marfa Ridge *(p. 86)* es la zona más indómita y menos poblada de la isla de Malta. Su defensa resultó imposible a lo largo de la historia, razón por la que existieron pocos asentamientos. La costa está salpicada de ensenadas y pequeñas playas –las mejores son Paradise Bay y Little Armier *(p. 88)*–, y en su extremo suroeste se alzan los altos acantilados de Ras Il-Qammieħ. La zona es muy popular entre senderistas.

Atardecer sobre los Ta' Ċenċ Cliffs

7 Dingli Cliffs

Una serpenteante carretera discurre a lo largo de estos acantilados *(p. 92)*, de 300 m de altura, que se hunden en el mar. Este lugar es con diferencia el rincón más bonito y virgen de Malta, cuya belleza se realza en primavera y otoño, cuando el campo se llena de flores silvestres. Para acompañar la visita, lo mejor es llevar pan recién hecho junto con queso del país y tomates.

8 Blue Grotto, Wied Iż-Żurrieq

Este arco natural *(p. 98)* situado en los acantilados cercanos a la aldea de Wied Iż-Żurrieq recibe su nombre del azul intenso que parece parpadear bajo las aguas, evocando las sirenas que, según se cree, habitaron en este lugar. Hay una excursión en barco que recorre varias cuevas repartidas por el mismo tramo costero.

9 Buskett Gardens

Los jardines de Buskett *(p. 92)*, en una isla más bien yerma, destacan por ser el área boscosa más extensa de Malta. En estos bosques perfectos para hacer un pícnic y dar paseos se celebra una de las fiestas más divertidas de Malta, en Mnarja *(p. 65)*. Fundados como coto de caza para los caballeros, están salpicados de olivares, huertas de cítricos y pinos robustos y frondosos.

10 Blue Lagoon, Comino

La laguna Azul *(p. 42)* está formada por una angosta lengua de mar que separa la pequeña isla de Comino y el islote de Cominetto. Sus aguas azul celeste, poco profundas, resultan perfectas para nadar y practicar esnórquel y buceo. Conviene ir en temporada baja, porque el encanto apacible de la laguna se ve mermado durante los meses de verano por las aglomeraciones y las lanchas motoras.

Apacibles aguas de la Blue Lagoon, Comino

PASEOS Y RECORRIDOS EN BICICLETA

1 Circuito de Comino
⚑ A1

Este paseo de 8 km comienza en la Blue Lagoon, discurre por el camino de tierra hasta Santa Marija Bay y sigue por el cabo hasta el punto más alto de Comino. Continúa hasta St Mary´s Battery y sigue por la costa hasta Comino Tower para luego regresar a la Blue Lagoon.

2 Delimara Point
⚑ F6

El recorrido de 8 km parte de Marsaxlokk. En dirección a la bahía de Il-Ħofra Żgħira, se va por la costa y es posible darse un chapuzón en St Peter's Pool, antes de llegar a Delimara Point. Se regresa por el otro lado para admirar las vistas de Marsaxlokk Bay.

3 De Xlendi a San Lawrenz, Gozo
⚑ D2

Este recorrido de 12 km pasa por Dwejra Cliffs. Desde Xlendi Bay se sube a Tar-Riefnu hacia Wardija Point. Se sigue por la pista de Dwejra Bay y por el sendero a espaldas de la capilla de San Lorenzo.

4 Marfa Ridge
⚑ B2

El paseo a pie de 14 km que parte de Mellieħa Bay va por Marfa Ridge, en dirección a los acantilados de Ras Il-Qammieħ, sigue hasta Ċirkewwa y Aħrax Point, para volver a Mellieħa Bay.

5 Wied Il-Għasri y salinas, Gozo
⚑ D1

Este recorrido a pie de 12 km parte de Victoria (Rabat). En dirección a Għasri, hay que seguir las indicaciones a Wied Il-Għasri. Se continúa por la costa hacia Marsalforn para ver las salinas formadas en la caliza y se regresa a Victoria.

6 Victoria Lines: de Fomm Ir-Riħ a Baħar iċ-Ċagħaq
⚑ A4

Esta ruta, con 30 km de costa a costa, recorre las ruinas de Victoria Lines, la muralla fortificada. Parte de Fomm Ir-Riħ (o de Mġarr, utilizando el transporte público) y sigue la muralla hasta Baħar iċ-Ċagħaq.

Recorriendo en bici las salinas de Xwejni en Gozo

7 Circuito de Gozo
📍 E1

Este circuito ciclista de 60 km alrededor de Gozo discurre por muchos lugares de interés de la isla como Inland Sea, las salinas de Xwejni y los templos de Ġgantija y Ramla Bay.

8 De Siġġiewi a Dingli
📍 C5

El sendero de 10 km recorre Dingli Cliffs. Desde Siġġiewi se pasa por la capilla de Tal-Providenza hasta los acantilados de la Underground Chapel. Se continúa hacia los acantilados hasta la pelota de golf gigante de la estación radar de Dingli. De regreso a Dingli, se puede coger el autobús hasta Siġġiewi.

9 Costa sur, Gozo
📍 F2

Desde el puerto de ferris de Mġarr, esta ruta ciclista de 13 km cruza el sur de la isla siguiendo caminos rurales y campos de bancales, desviándose por los acantilados de Sanap de camino a Xlendi.

10 Floriana
📍 G3

Esta localidad barroca se halla junto a las puertas de La Valeta. El recorrido (1,5 km) comienza con un paseo a pie por Il-Mall hasta Sarria Chapel, decorada por Mattia Preti. Tras ver el Jardín Botánico, se visita la fuente del León y se regresa a La Valeta.

Un paseo por el corazón de la barroca Floriana

TOP 10
VISTAS

1. Upper Barrakka Gardens, La Valeta
Estos bellos jardines *(p. 62)* con fuentes son un mirador para contemplar el Grand Harbour.

2. Dingli Cliffs Viewpoint
A medio camino de la carretera de los magníficos Dingli Cliffs *(p. 92)* hay un mirador. Hay que aparcar y caminar hasta el cabo.

3. Red Tower, Marfa Ridge
La almenada torre Roja *(p. 86)* se alza sobre la cumbre y ofrece vistas de casi toda Malta y al fondo Comino y Gozo.

4. Murallas de la Ciudadela, Gozo
Desde lo alto de las murallas *(p. 102)* se contemplan bonitas vistas de la verde llanura central de Gozo.

5. Xewkija Rotunda, Gozo
Hay un ascensor que sube hasta la gran cúpula de la iglesia de Xewkija *(p. 103)*, con vistas de Gozo.

6. Qammieħ Point, Marfa Ridge
Desde aquí se extienden los acantilados de esta indómita costa de Marfa Ridge *(p. 86)*.

7. Dwejra Point, Gozo
Ofrece vistas de la costa oeste de Gozo, con acantilados y formaciones rocosas *(p. 40)*.

8. Muralla de Mdina
Desde la muralla *(p. 30)* de Mdina se aprecian los principales lugares de interés, entre ellos la magnífica Mosta Dome *(p. 92)*.

9. Senglea Tower
📍 J4
Esta torre, situada en una zona verde de la punta de L-Isla, ofrece bonitas vistas de La Valeta al fondo del Grand Harbour.

10. Wignacourt Tower, St Paul's Bay
📍 C3
Desde esta torre vigía, obra de los caballeros, se tienen amplias vistas.

ACTIVIDADES AL AIRE LIBRE

Escalador en Għar Lapsi

1 Escalada

A falta de montañas en Malta, los acantilados suponen un reto para los aficionados a la escalada. Hay más de 1.200 rutas oficiales con tramos para todos los niveles. El Malta Climbing Club (*maltaclimbing.org*) puede ayudar a planificar el itinerario y asesorar.

2 Navegación

Con una tradición marítima milenaria, en Malta es muy popular la navegación. Los puertos deportivos más importantes se ubican en Marsamxett Harbour (*p. 77*).

3 Buceo y esnórquel

Malta es un destino de buceo. Los puertos naturales, bahías, arrecifes y cuevas brindan posibilidades para bucear y hacer esnórquel. El agua, templada y transparente, alberga gran riqueza de especies. Es importante contratar solo los centros de buceo con licencia que aparecen en la página web oficial de turismo de Malta (*p. 114*).

4 Excursiones en barco

Se pueden hacer travesías turísticas por el Grand Harbour de La Valeta, desde viajes a la Blue Lagoon de Comino hasta circuitos por las tres islas principales. La mayoría de las excursiones salen de Sliema o Mellieħa Bay. En Gozo parten de Mġarr Harbour.

5 Kayak

La aguas azules y cristalinas de Malta y Gozo son perfectas para aventurarse en kayak. Gozo Adventures (*gozoadventures.com*) ofrece excursiones para explorar la pintoresca costa de las islas.

6 Otros deportes acuáticos

Casi todos los hoteles facilitan motos de agua, esquís acuáticos, parapentes, tablas de windsurf, etc. Las mejores zonas para practicar este último son Mellieħa y Baħar iċ-Ċagħaq. El waterpolo es muy popular; de hecho, es una pasión nacional.

7 Equitación

Malta posee una arraigada tradición ecuestre y el club de polo más antiguo de Europa. Hay numerosas cuadras donde se organizan paseos en poni para niños o rutas para jinetes experimentados. La página web oficial de turismo de Malta (*p. 114*) facilita un listado de centros homologados.

8 Senderismo

Tanto en Malta como en Gozo existen rutas de senderismo excelentes (*p. 54*), incluido el recorrido de 30 km por la muralla de Victoria Lines. Gozo está menos transitada y Comino es estupenda para hacer senderismo, pues son pocos los visitantes que se

Sendero que desciende hacia Fomm ir-Riħ Bay, Mġarr

aventuran más allá de las playas. Hay que tener cuidado con los cazadores malteses (p. 114).

9 Golf

El único campo de golf de Malta, el Royal Malta Golf Club (*royalmaltagolfclub.com*), abre todos los días de 7.00 a 18.00, pero es aconsejable reservar con antelación. Dispone de bar, restaurante, tienda, *putting green* y campo de prácticas. Además de alquilar equipos, se imparten clases de golf para todos los niveles.

10 Observación de aves

A pesar de que los cazadores furtivos y tramperos han hecho lo posible por esquilmar la avifauna maltesa, no lo han logrado. Aunque extinguieron el halcón peregrino de los acantilados de Ta' Ċenċ, la zona alberga todo tipo de especies, entre ellas la mayor colonia de pardelas cenicientas de las islas. Malta posee dos santuarios de aves, siendo la Għadira Nature Reserve, en Mellieħa, el más accesible (p. 86).

Garza real en la Għadira Nature Reserve, Mellieħa

TOP 10
ZONAS DE BUCEO Y ESNÓRQUEL

1. Cuevas de Santa Marija, Comino
📍A1
En Malta y Gozo hay varias cuevas y en algunas se puede bucear, como en las cuevas de Santa Marija (Comino).

2. Aħrax Point
📍B2
Junto a Marfa Ridge, las praderas de algas albergan una gran riqueza. Buena visibilidad para fotos.

3. Blenheim Bomber, Marsaxlokk
📍F5
Los restos de este avión de la Segunda Guerra Mundial hacen la inmersión interesante.

4. Delimara Point
En este lugar (p. 35), al que se accede en barco, se ven meros y pastinacas.

5. Fungus Rock, Gozo
Cerca de Dwejra hay varios destinos. Esta enorme roca, cubierta de vida marina, es uno de los mejores (p. 40).

6. Dwejra Point, Gozo
Otro espectacular punto de buceo en Dwejra (p. 40). Las rocas dan refugio a una abundante fauna marina.

7. Blue Dome, Gozo
📍D1
La luz se refleja en el inmenso techo de esta cueva, creando el efecto de una bóveda azul. Entre la fauna marina hay caballitos de mar.

8. San Dimitri Point, Gozo
📍C1
Accesible solo por mar, alberga bancos de barracudas, entre otros peces.

9. Lighthouse Reef, Comino
📍A1
Una chimenea vertical atraviesa el acantilado. Entre los corales viven muchas especies, como caballitos y estrellas de mar.

10. Marfa Point, Ċirkewwa
📍B2
Ideal para inmersiones nocturnas. Hay una piscina para bautizos de buceo.

COMIDA LOCAL

**Bandeja de sabrosos *pastizzi*,
el aperitivo callejero favorito de Malta**

antiguamente en todos los hogares de las islas usando un utensilio similar a una jaula para secarlos al aire. Una vez alcanzada una consistencia semidura, se sumergían en vinagre blanco. Los *ġbejniet* a la pimienta van muy bien con los *galletti* malteses (galletitas saladas).

4 *Pastizzi y qassatat*
Ofrecidos por vendedores ambulantes en cada ciudad y pueblo, los *pastizzi* son el aperitivo callejero favorito de Malta. Estas pequeñas empanadillas están rellenas de cremosa ricota o de una mezcla de puré de guisantes. Los *qassat* son unas tartaletas hechas de una pasta más blanda. Además de los de ricota y guisantes, también hay una variante con espinacas y anchoas.

5 *Soppa tal-Armla*
Esta densa sopa casera es un alimento básico en la isla durante el invierno. La sopa de viuda se elabora con patatas, coliflor, calabacines y otras verduras de temporada. Lo que convierte este plato en algo especial es la tradición de añadir un huevo escalfado, una porción de ricota o un trozo de queso *ġbejna* a cada cuenco.

6 *Ħobż biż-Żejt*
Ħobż biż-Żejt consiste en gruesas rebanadas de pan maltés untadas con una pasta dulce de tomate local llamada *kunserva* y rociadas con aceite de oliva. Este suculento bocadillo tiene variedad de rellenos como atún, *ġbejniet*, cebollas, aceitunas, alcaparras y judías *cannellini*.

1 *Timpana*
La *timpana* es una variante maltesa de los macarrones al horno. Este suculento plato lleva macarrones cocidos con carne picada, tocino y huevos duros, que después se hornean dentro de una gruesa capa de masa quebrada. Los *pastizzeriji* locales venden *timpanas* individuales, cubiertas con el mismo hojaldre que se emplea en los *pastizzi*.

2 *Torta tal-Lampuki*
Este popular pastel de pescado se elabora con *lampuki*, una apreciada especie local que solo está disponible en temporada. Cocinado dentro de una torta, el pescado se mezcla con ingredientes típicos malteses, como aceitunas, espinacas, tomates, alcaparras y menta. Horneado hasta dorarse, es el auténtico sabor de Malta.

3 *Ġbejniet*
Estos pequeños quesos redondos se elaboran con leche de cabra o de oveja. Los tiernos son suaves y cremosos como la ricota; los curados se preparaban

7 Pan maltés
Las deliciosas *ħobża* (hogaza) y *ftira* (pan en forma de rosca) tienen un interior suave como la chapata, con una corteza muy crujiente y ligeramente carbonizada que resulta sorprendentemente sabrosa. Además de emplearse para los *Ħobż biz Żejt*, se

pueden disfrutar con mantequilla y jamón, aderezados con vinagre balsámico y aceite de oliva, o untados con *bigilla,* una mezcla picante de puré de habas y especias.

8 Bragioli

Los *bragioli,* conocidos como aceitunas buey (llamadas así por su aspecto más que por su contenido), son otra especialidad maltesa: un relleno de huevos duros, tocino y hierbas envuelto en finas lonchas de ternera o buey, que luego se cuecen suavemente en salsa de tomate con guisantes.

9 Fenek

Considerado con razón el plato nacional de Malta, el *fenek* (conejo) se sirve en ocasiones especiales y grandes reuniones de familiares y amigos. El conejo se cuece entero a fuego lento con vino, ajo, laurel y clavo. La experiencia completa empieza con espaguetis con salsa de conejo, seguidos del plato principal de la tierna carne blanca con patatas fritas y verduras asadas.

10 Bebbux

Aunque los caracoles suelen asociarse a la cocina francesa, en Malta también son un aperitivo tradicional. Conocidos como *bebbux,* los caracoles se hierven en agua salada y luego se saltean con aceite, ajo y hierbas; perfectos con una crujiente rebanada de pan maltés.

Bebbux: **caracoles con salsa de ajo y hierbas**

TOP 10
DULCES MALTESES

Kannoli

1. Kannoli
Tubos de masa frita rellenos de ricota dulce y espolvoreados con fruta escarchada o pistachos.

2. Imqaret
Deliciosos saquitos de hojaldre frito rellenos de una mezcla de dátiles y especias.

3. Zeppoli
Pasta *choux* frita rellena de crema pastelera o ricota, típica de la festividad de San José.

4. Figolli
Pasteles de mazapán, decorados con alegres colores, que se suelen regalar a familiares y amigos durante la Pascua.

5. Qagħaq ta' l-Għasel
Rosquilla de masa crujiente rellena de miel especiada o melaza.

6. Prinjolata
Pastel elaborado en carnaval hecho de galletas trituradas y piñones, cubierto de cerezas confitadas, virutas y mazapán.

7. Għadam tal-Mejtin
Galletas glaseadas de almendra en forma de hueso, típicas del Día de Todos los Santos.

8. Qubbajt
Hecho con almendras y miel, se parece al turrón; se consume en fiestas populares y eventos.

9. Biskuttini tal-Lewż
Macarrones de almendra cocidos con almendra molida y azúcar.

10. Karamelli tal-Ħarub
Caramelos elaborados con sirope de algarroba, que suelen tomarse durante la Cuaresma.

MALTA Y GOZO EN FAMILIA

Actores disfrazados en Popeye Village, Anchor Bay

1 Popeye Village, Anchor Bay

Este colorido parque temático *(p. 86)* también conocido como Sweethaven (la ciudad de Popeye) se construyó para la película Popeye protagonizada por Robin Williams. Entre sus divertidas actividades se incluyen un viaje en barco por el puerto, minigolf, una piscina de recreo y la posibilidad de ser uno de los actores en la película.

2 Esplora

📍 L4 🏠 Dawret Fra Giovanni Bichi, Kalkara 🕐 9.00-15.00 ma-vi, 10.00-17.00 sá, do y festivos 🌐 esplora.org.mt 🔗

Un museo de ciencia interactivo que ofrece exposiciones y actividades para niños de todas las edades. Para sumergirse en el mundo de los experimentos, salas multisensoriales, una vistosa zona de juegos y mucho más.

3 Shoreline

Este centro comercial, el mayor de Malta *(p. 80)*, cuenta con sala de videojuegos, rocódromo interior, parque de aventura en altura y una zona abierta de camas elásticas. Para descansar de tanta emoción, también hay tiendas, restaurantes

y el primer museo InstaMuse de la isla, para hacerse fotos en coloridos escenarios inspirados en redes sociales.

4 Parque acuático Buġibba

📍 C3 🏠 St Paul's Bay, Islet Promenade 🕐 10.00-19.00 diario

Este parque de atracciones en el frente marítimo del balneario tiene 17 atracciones acuáticas. El gran recinto cuadrado está dividido en tres zonas separadas para niños de distintas edades, y hay sesiones de 20 minutos gratuitas.

5 The Eden

Este centro de ocio *(p. 81)* ofrece bolera, máquinas recreativas y karaoke. El lugar perfecto para cobijarse en días de calor o de lluvia.

6 Malta Experience, La Valeta

📍 K2 🏠 St Elmo Bastions, Triq Il-Mediterran 🕐 Espectáculos: 11.00-16.00 lu-vi, 11.00-14.00 sá, 11.00-13.00 do 🌐 themalta experience.com 🔗

Malta cuenta con muchas atracciones audiovisuales, sobre todo en La Valeta y Mdina. La Malta Experience ofrece una introducción a los 7.000 años de historia de las islas en una pantalla gigante. La proyección de 45 minutos puede resultar larga para los niños más pequeños.

7 Malta National Aquarium

📍 C3 🏠 Triq It-Trunciera, San Pawl Il-Bahar 🕐 10.00-20.00 diario 🌐 aquarium.com.mt 🔗

Con un tanque de agua, que se puede atravesar, y 130 especies de peces, es un lugar maravilloso para visitar con niños. La zona de juegos exterior es una atracción extra.

La tranquila Mellieħa Beach

8 BOV Adventure Park

⚲ C4 ⌂ Ta' Qali

Situada en Ta'Qali National Park, esta zona de juegos al aire libre es perfecta para una tarde de ocio. Tiene zonas de escalada, fuentes, columpios, área de pícnic y mucho espacio para que los niños monten en bici o patinete.

9 Playmobil Fun Park, Ħal Far

⚲ E6 ⌂ Ħal Far Industrial Estate
🕙 10.00-16.00 diario
(hasta 18.00 vi-do y festivos)
🌐 playmobilmalta.com

Con zonas de juegos interiores y exteriores, los más pequeños disfrutarán jugando en los escenarios de la segunda fábrica de Playmobil más grande del mundo.

10 Mellieħa Beach

Esta popular playa de arena y aguas bajas es muy adecuada para familias con niños (p. 85). En verano cuenta con un parque acuático inflable, toboganes y pistas de obstáculos.

TOP 10 RESTAURANTES PARA NIÑOS

1. Trattoria Riccardo, St Paul's Bay
⚲ D3 ⌂ Dawret il-Qawra
📞 2354 3543
Sirve *pizza* y pasta, y cuenta con una divertida zona de juegos.

2. Henry J Beans American Bar & Grill, St Julian's
⚲ D3 ⌂ Corinthia San Ġorġ, St George's Bay 🌐 henryjbeans.com
Bar de hamburguesas y costillas estilo años 50 con terraza al aire libre.

3. Rainforest Café, St Julian's
⚲ D3 ⌂ Bay Street, St. George's Bay
🌐 rainforestcafemalta.com
Un restaurante temático ambientado en la jungla que sirve pasta, hamburguesas y las clásicas carnes estadounidenses.

4. Hard Rock Café, La Valeta
⚲ H4 ⌂ Pinto Wharf, Valletta Waterfront 🌐 cafe.hardrock.com
En la decoración destacan guitarras firmadas por grupos como KISS o Radiohead. El menú tiene las habituales hamburguesas y fajitas.

5. Tal-Familja, Marsaskala
Esta marisquería (p. 101) es una de las predilectas de las familias maltesas.

6. Mamma Mia
⚲ E4 ⌂ Ta' Xbiex Seafront
🌐 mammamia.com.mt
Deliciosa cocina mediterránea, ambiente agradable y servicio eficiente.

7. Zeffie's Playhouse, Zabbar
⚲ E5 ⌂ Hompesch Road
🌐 zeffiesmalta.com
Restaurante informal con zona de juegos para los niños.

8. Tex Mex Grill & Cantina, St Julian's
⚲ D3 ⌂ Triq Elija Zammit
🌐 texmexmalta.com
Este asador de temática estadounidense triunfa entre los adolescentes.

9. Gillieru, St Paul's Bay
Una buena elección para familias (p. 89) con vistas de la bahía.

10. Fontanella Tea Gardens, Mdina
A los niños les encanta este salón de té (p. 95) al aire libre por sus pasteles.

MALTA Y GOZO GRATIS

1 San Anton Palace Gardens, Attard

El palacio (p. 93) construido a comienzos del siglo XVII por el gran maestre Antoine de Paule es la residencia oficial del presidente. Los británicos abrieron los jardines al público en la década de 1880, y sigue siendo un parque público que posee estanques con tortugas de agua, un laberinto y un aviario.

2 Majjistral Nature and History Park

B3 Il-Kamp ta' Ghajn Tuffieha, Triq Il - Kappella Tal-Militar, Manikata majjistral.org

En este tramo de 6 km de costa al noroeste de Malta abunda la belleza natural. Aquí se puede ver flora y fauna autóctonas. La zona también está salpicada de cabañas de piedra, rodadas de carros, antiguas sepulturas talladas en piedra, edificios militares y otros elementos de patrimonio.

3 Church of Our Lady of Victories Chapel, La Valeta

H3 Triq Nofsinhar

Fue la primera iglesia de La Valeta y se hizo en honor de la Virgen, quien se cree que ayudó en el triunfo de los caballeros en el Gran Asedio de 1565. Jean Parisot de La Valette estuvo enterrado en este lugar hasta que fue trasladado a St John's Co-Cathedral.

4 St Paul's Shipwreck Church, La Valeta

La Biblia cuenta que san Pablo naufragó en Malta en el año 60 y convirtió al país al cristianismo. Esta venerada iglesia (p. 69) posee una reliquia del hueso de la muñeca de san Pablo y parte de una columna en la que se dice que fue decapitado en Roma, así como un altar de Mattia Preti.

5 Upper Barrakka Gardens

H3 Triq Sant' Orsla
7.00-22.00 diario

Esta terraza y el jardín, en lo alto de las murallas del bastión de La Valeta, tienen vistas al Grand Harbour y las fortificaciones de la capital. Fueron construidos por los caballeros y muy preciados por los británicos. Es un lugar agradable para hacer un descanso.

6 Misa en St John's Co-Cathedral

Los domingos abren para la misa cantada. No es el momento para hacer fotos o seguir una audioguía, pero es una oportunidad para ver la catedral iluminada con velas durante un oficio religioso de forma gratuita (p. 24).

7 Senderos

Las oficinas de turismo de Malta (p. 114) tienen folletos con las rutas de senderismo del país, así como mapas, información sobre el transporte público y de los lugares por los que se pasa, y así

Grand Eagle Fountain en los San Anton Palace Gardens, Attard

poder seguir las rutas menos frecuentadas, descubrir partes escondidas de la historia y disfrutar de vistas espectaculares. La costa de Gozo es fantástica.

8 Verdala Palace y Buskett Gardens

Buskett, más parecido a un pequeño bosque que a un jardín, fue creado como coto de caza para los caballeros. El palacio *(p. 93)* (no está abierto al público) parece un castillo, pero se construyó para el ocio. A los malteses les encanta hacer pícnics aquí, especialmente durante las fiestas de Mnarja *(p. 65)*.

9 Clapham Junction y Dingli Cliffs

Los acantilados de Dingli *(p. 92)* ofrecen vistas extraordinarias, sobre todo de la capilla del siglo XVII. En el interior están las cuevas prehistóricas de Clapham Junction *(p. 92)*; se cree que los surcos de las piedras calizas los hicieron vehículos de otros tiempos que trasladaban piedras desde unas antiguas canteras.

10 City Gate, La Valeta

Entrada principal a La Valeta desde 1569, la City Gate *(p. 72)* ha sufrido múltiples transformaciones. Actualmente muestra su quinta versión, diseñada por el arquitecto Renzo Piano, con varios escalones que conducen a lo alto de las fortificaciones y ofrecen acceso y vistas de los Hastings Gardens.

La bonita City Gate restaurada, La Valeta

TOP 10
IDEAS PARA AHORRAR

1. Merece la pena comprar en mercados y a vendedores de carreteras productos frescos y delicias locales para hacer un pícnic.

2. Si se puede, es mejor venir en abril o en octubre. Los precios son más bajos, hay menos aglomeraciones en los lugares turísticos y hace suficiente calor como para tomar el sol.

3. Los servicios de los autobuses de Malta y Gozo son buenos y baratos, por lo que no hará falta coger taxis ni alquilar un coche.

4. Es buena idea reservar por Internet la visita al Hypogeum *(p. 36)*. Es más económico y recomendable para no quedarse sin plaza.

5. Conviene comprar el Malta Pass. La tarjeta se paga por adelantado (y se puede elegir entre varias opciones: un día, dos días o tres días). Da acceso a 40 lugares de interés y es muy rentable si se desea visitar muchos.

6. No hay que dejar escapar la oportunidad de acudir a museos, monumentos y yacimientos arqueológicos en los días de acceso gratuito. Más información en *heritagemalta.mt*.

7. A menudo es más económico quedarse en apartamentos independientes que en un hotel con todo incluido.

8. Es muy aconsejable unirse a una visita guiada gratuita. Hay varias empresas en La Valeta que las ofrecen, como Colour My Travel (al final de la visita se deja una propina).

9. Vale la pena comer en los puestos de comida que hay junto a las playas. Ofrecen porciones generosas de una selección sorprendentemente buena de platos.

10. Comprar las botellas de agua en tiendas locales sale mucho más barato que hacerlo en el hotel.

FESTIVALES Y EVENTOS

1 Festival de Música Barroca de La Valeta
Dos semanas en enero
W festivals.mt/vbf

Dos semanas al año, en el teatro barroco de La Valeta y en otras iglesias y palacios, se interpreta música barroca. En las actuaciones se utilizan a menudo instrumentos de época.

2 Carnaval
Febrero

El carnaval, introducido en Malta por los caballeros en el siglo XVI, se celebra la semana previa al Miércoles de Ceniza. Se festeja con pasacalles, fuegos artificiales y disfraces. Los más importantes son los de La Valeta y Floriana, mientras que el de Nadur, en Gozo, es famoso por su desenfreno.

3 Viernes Santo
Marzo/abril

Malta es un país de gran devoción católica y, por tanto, el Viernes Santo se celebra con solemnidad. Hay procesiones con escenas de la pasión por todas las islas.

4 Domingo de Pascua
Marzo/abril

El Domingo de Pascua es una festividad importante. Hay procesiones y música e, incluso, fuegos artificiales. Se elaboran *figolli* (figurillas rellenas de mazapán), huevos y conejos de chocolate.

5 Festival Internacional de Fuegos Artificiales, La Valeta
Finales de abril

Como grandes amantes de los fuegos artificiales, los malteses exhiben su destreza anualmente. Durante tres noches, en el Grand Harbour se produce una explosión de color y sonido.

6 Fiestas locales
A lo largo del verano

Todos los pueblos de Malta y Gozo celebran la festividad de su patrón con luces y adornos en las calles, música, desfiles, muestras de gastronomía tradicional y mucha cerveza local. Todos los pueblos compiten por organizar la mejor fiesta.

La Ciudadela iluminada con velas durante el festival de Gozo

7 Isle of MTV
Junio ⓦisleofmtv.com

Plato fuerte de la Malta Music Week, este acontecimiento ha contado con artistas como Jessie J y Lady Gaga. Jóvenes y melómanos acuden en masa a Floriana, a las afueras de La Valeta, para ver actuaciones en directo de artistas de primer nivel.

8 Mnarja
28/29 junio

El festival tradicional de Mnarja, uno de los acontecimientos más coloristas de Malta, se celebra con música, bailes, y platos típicos como la *fenkata* (estofado de conejo). En el escenario principal, Buskett Gardens, se organizan carreras de caballos y burros a pelo junto con recitales de canciones tradicionales (*ghana*).

9 Jazz Festival, La Valeta
Julio ⓦfestivals.mt/mjf

El Festival de Jazz que se celebra durante tres días en Barriera Wharf, en el Grand Harbour, acoge a importantes intérpretes internacionales. En este mágico emplazamiento, se tocan diversos estilos de jazz.

10 Celebraciones de Navidad
Diciembre

Malta celebra la Navidad intensamente. Las luces adornan La Valeta y, a veces, un pueblo se convierte en una viva recreación de las escenas de Navidad.

Carrozas de papel maché en carnaval, La Valeta

TOP 10
TRADICIONES FESTIVAS

1. Decoración urbana
La decoración de las calles de Malta es sorprendente. Las iglesias, y a menudo las casas, se engalanan con guirnaldas de bombillas.

2. Platos típicos
En todas las fiestas se consume turrón (*qubbajt*). En Mnarja se degusta conejo (*fenek*) y en Semana Santa los *figolli* rellenos de mazapán.

3. Peregrinaciones
Los devotos hacen peregrinaciones a lugares sagrados, como St Paul's Grotto (Rabat) o Ta' Pinu Basilica (Gozo).

4. Penitentes
Los penitentes, encapuchados, siguen los pasos de las procesiones de Semana Santa. Muchos van descalzos o con cruces a cuestas.

5. Bailes folclóricos
Estos bailes se representan con los trajes tradicionales. Entre ellos figuran *il-Maltija* y la *parata*, con palillos.

6. Carrozas
Durante las fiestas, en especial en carnaval, llamativas carrozas toman las calles.

7. Confeti
En las fiestas de los pueblos, se arroja confeti a las procesiones con la imagen del patrón.

8. Fuegos artificiales
Alma de las fiestas de cualquier pueblo. Son famosos los de Lija y Mqabba.

9. Bandas de música
Los británicos introdujeron esta tradición, acogida con entusiasmo.

10. Petardos
La semana previa a las fiestas suena a todas horas del día el ruidoso estruendo de los petardos.

Calle maltesa decorada

RECORRIDOS

Una calle de La Valeta con la iglesia Carmelita al fondo

LA VALETA

Esta ciudad de piedra dorada, Capital Europea de la Cultura en 2018, se extiende por un promontorio con un puerto natural a cada lado. Fue construida por los caballeros tras el Gran Asedio de 1565 y está rodeada por muros infranqueables. El perfil de la ciudad destaca por sus torres y cúpulas como la de la iglesia Carmelita. En el corazón de la ciudad está Triq Ir-Republikka, llena de palacios principescos y dominada por St John's Co-Cathedral. Desde aquí, las calles laterales que bajan a los puertos están flanqueadas por palacios. El abandono y las bombas de la Segunda Guerra Mundial dejaron su huella en la capital, pero las calles siguen evocando la época de los caballeros.

- **1** Imprescindibles p. 69
- **1** Dónde comer p. 75
- **1** City Gate y alrededores p. 72
- **1** Cafés p. 74
- **1** Vida nocturna p. 73

Para alojamientos en la zona, ver p. 116

El espectacular altar mayor de St Paul's Shipwreck Church

1 St Paul's Shipwreck Church

📍 J2 🏠 Triq San Pawl 📞 2122 3348
🕐 6.30-12.30 y 15.00-18.30 lu-sá,
7.00-12.00 y 16.00-18.00 do

Esta elaborada iglesia fue construida entre 1639 y 1740 por Girolamo Cassar *(p. 49)* sobre una iglesia anterior. La fachada fue añadida en 1885 por Nicola Zammit.

2 St John's Co-Cathedral

La concatedral de San Juan *(p. 24)*, sobria y sin adornos en el exterior, es todo un alarde visual de la riqueza e influencia de los caballeros.

3 Lascaris War Rooms

📍 H3 🏠 St James Ditch 📞 2123 4717 🕐 10.00-16.30 diario ♿

En estas salas subterráneas, que en su día fueron centro de las operaciones de la Segunda Guerra Mundial, el ambiente bélico se recrea con maquetas y equipos de esa época. El general Eisenhower y el mariscal de campo Montgomery fueron algunos de los aliados que trabajaron aquí.

4 Hospederías de las *langues*

📍 H3

Cada una de las ocho *langues* –lenguas o capítulos de la Orden de San Juan– tenía su propio *auberge* (hospedería) en La Valeta del siglo XVI. Simbolizaban su riqueza y prestigio. La mayoría de los albergues que han sobrevivido no están abiertos al público, pero las elegantes fachadas barrocas son un reflejo del encanto principesco de La Valeta. El más lujoso es el Auberge de Castille et Leon (en Misraħ Kastilja), ahora sede del primer ministro maltés.

5 St James Cavalier Centre for Creativity

📍 H3 🏠 Pjazza Kastilja
🕐 9.00-21.00 ma-vi, 10.00-21.00 sá y do 🌐 kreattivita.org

Uno de los baluartes que protegen la entrada de la ciudad hoy alberga este centro de arte contemporáneo, con teatro, cine y salas de exposiciones.

6 National Museum of Archaeology

📍 H2 🏠 Triq Ir-Repubblika
🕐 9.00-16.30 diario (oct-dic: hasta 17.30 🌐 heritagemalta.mt ♿

El Auberge de Provence, con su antigua magnificencia algo maltrecha, es la sede del Museo Nacional de Arqueología. Acoge una fascinante colección de piezas recuperadas en los templos prehistóricos malteses *(p. 48)*. La *Dama durmiente* *(p. 47)* es una de sus obras más importantes.

Estatua de piedra, National Museum of Archaeology

El bautismo de Jesús, de Mettia Preti, en el MUŻA

7 MUŻA-National Museum of Arts

🔲 H3   🏠 Auberge d'Italie
🕐 9.00-16.30 diario
🌐 muza.mt 🔗

Ubicado en el Auberge d'Italie, el Museo Nacional de Arte fue el proyecto estrella de La Valeta como Capital Europea de la Cultura. Se inauguró en 2018 y cuenta con cuatro áreas de exposición principales, cada una de ellas con su propia temática.

8 Grand Master's Palace

El espectacular palacio del Gran Maestre (*p. 22*), repleto de opulentos tapices y pinturas, fue la residencia de los grandes maestres de la Orden de San Juan durante más de dos siglos.

9 Casa Rocca Piccola

🔲 J2   🏠 74 Triq Ir-Repubblika
🕐 Visitas guiadas: 10.00-17.00 lu-sá
🌐 casaroccapiccola.com 🔗🔗

Este magnífico palacete, construido por un caballero italiano en el siglo XVI, pertenece a la familia noble De Piro desde hace dos siglos. El noveno marqués De Piro organiza visitas amenas por sus 50 habitaciones. Las salas albergan muebles y curiosidades fascinantes, como un botiquín médico con instrumentos (de los escasos objetos de plata que se salvaron del saqueo de las tropas de Napoleón) y una ornamentada silla de manos del siglo XVIII. Los retratos familiares le aportan a la casa un ambiente cálido y hogareño.

MALTA Y EL CINE

El Grand Harbour de La Valeta es un gran plató cinematográfico rodeado por un perfil de torres y bastiones que apenas ha cambiado. Las islas maltesas han proporcionado el telón de fondo para innumerables películas, entre ellas *Troya, Gladiator, Jurassic World: Dominion, Asesinato en el Orient Express, Assassin's Creed* y *Guerra Mundial Z.*

Sala con obras de arte y platería, Casa Rocca Piccola

10 Teatro Manoel

J2 **Triq It-Teatru L'Antik**
teatrumanoel.com.mt

El teatro, próximo a la iglesia Carmelita, es uno de los teatros nacionales en activo más antiguos del mundo. El Manoel se construyó en 1731 por orden del gran maestre de origen portugués Manoel de Vilhena. El auditorio, de forma ovalada y con capacidad para 547 butacas, tiene cinco niveles, platea para la orquesta, una galería y palcos en tres alturas pintados con una escena mediterránea en tonos dorados. El más lujoso, en el centro del primer nivel y reservado para el gran maestre, lo ocupa actualmente el presidente maltés. Además, cuenta con un escenario más pequeño en el piso superior y un café en el patio (p. 74). Tras los bombardeos que asolaron La Valeta durante la Segunda Guerra Mundial el teatro tuvo que ser reparado y no recuperó su esplendor hasta 1960, cuando volvió a abrir al público. En el museo contiguo se expone maquinaria del siglo XIX para crear efectos sonoros.

Majestuosa fachada del Grand Master's Palace

UN DÍA EN LA VALETA

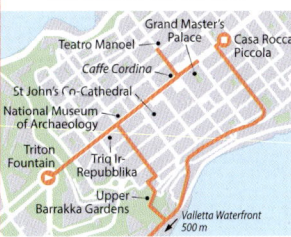

Mañana

Es buena idea tomar un autobús hasta la **Triton Fountain** frente a la entrada de la ciudad y atravesar la puerta principal. Baja por **Triq Ir-Repubblika** (p. 74) hasta **St John's Co-Cathedral** (p. 24), el edificio religioso más espléndido de las islas maltesas. Tras visitar la catedral, puedes tomar un café en la plaza en el **Caffé Cordina** (p. 74). Luego vuelve a Triq Ir-Repubblika hasta **Grand Master's Palace** (p. 22), antigua residencia del gran maestre. Puedes tomar un tentempié en uno de los cafés de Triq Il-Merkanti antes de parar en el **Teatro Manoel.** A menudo hay conciertos a la hora del almuerzo; consulta los horarios en la oficina de turismo.

Tarde

De nuevo en Triq Ir-Repubblika, sigue en dirección al Auberge de Provence, actual sede del **National Museum of Archaeology** (p. 69). No hay que perderse las galerías de la Edad del Bronce y Fenicia ni la escultura de la *Dama durmiente*. Continúa hacia los **Upper Barrakka Gardens** (p. 62), unos jardines con espléndidas vistas de las aguas del Grand Harbour y al fondo la silueta de las Tres Ciudades (p. 76), incluso más bonitas al atardecer. Puedes bajar en el ascensor hasta **Valletta Waterfront** y elegir el bar o restaurante que prefieras. Termina el día con una visita a la **Casa Roca Piccola** para beber champán con Nicholas, el marqués (conviene reservar).

City Gate
y alrededores

**El Parlamento, diseñado
por Renzo Piano**

1. Fortificaciones
de la City Gate
H3

La entrada principal a la ciudad deja
claro que La Valeta se construyó
para ser un baluarte inexpugnable.
Tiene unos enormes muros ante
un gran foso.

2. La nueva entrada
H3

Esta puerta del siglo XXI fue diseñada
por Renzo Piano para dar la bienvenida
a los visitantes, más que para dejarlos
fuera. Forma parte de la renovación de
Piano de la zona de la City Gate.

3. Escaleras de la City Gate
H3

Piano creó tramos de escalera dentro
de los muros del bastión para propor-
cionar un nuevo acceso a la parte alta,
la plataforma de artillería Cavalier *(p. 7)*
y los Hastings Gardens.

4. Triq Ir-Repubblika
(calle República)
H3–J2

La calle principal de La Valeta va de
la City Gate al Fort St Elmo. A media
altura está la plaza principal y el Grand
Master's Palace *(p. 22)*.

5. Pjazza Teatru Rjal
H3 **Triq Nofs In-Nhar**
pjazzateatrurjal.com

Este teatro de Renzo Piano, que se
inauguró en 2013, se encuentra en el
interior de la Neo-Classical National
Opera House de Malta, bombardeada
en la Segunda Guerra Mundial.

6. Freedom Square
H3

La plaza de la Libertad se encuentra en
el interior de la City Gate, y es perfecta
para conocer los *gallariji* de Malta,
balcones cerrados con maderas
pintadas que sobresalen en las
estrechas calles tradicionales.

7. St James y St John Cavalier
H3 **Pjazza Kastilja**

Estos dos emplazamientos de armas
cubren el lado de La Valeta que da al
interior de la isla. St James es un centro
de arte contemporáneo. Hay que subir
por la escalera de piedra flanqueada
por unos anchos muros.

8. Estatua de Jean de Valette
H3

Esta estatua, erigida en 2012 en la
plaza Jean de Valette, se levantó
en honor del gran maestre de los
caballeros de la Orden de San Juan.

9. Iglesia de Santa Catalina
de Italia
H3 **Victory**

Esta iglesia del siglo XVI, con una fachada
barroca del siglo XVII y un interior octa-
gonal, fue la iglesia de los caballeros
italianos. El altar es de Mattia Preti.

10. Parlamento
H3

Diseñado por Renzo Piano e inaugurado
en 2015, es el primer edificio construido
en Malta expresamente como Parlamento, revestido de piedra local para
reflejar la arquitectura antigua de
La Valeta. Está levantado sobre pilotes.

Vida nocturna

1. Bridge Bar
⚐ J3 ⌂ Triq Sant' Orsla
📞 7947 4227 ⏰ do y lu
Frecuentado por clientes del mundo de las artes, este bar al aire libre es especialmente agradable en las noches de verano. También acoge actuaciones en directo.

2. The Pub
⚐ J2 ⌂ Triq I-Arċisqof
📞 7905 2522
Este minúsculo *pub* saltó a la fama por razones macabras: al parecer fue aquí donde Oliver Reed se emborrachó hasta morir durante el rodaje de *Gladiator*. Una colección de fotografías del actor adornan las paredes.

3. Trabuxu
⚐ G4 ⌂ Triq Nofs In-Nhar ⏰ do
🌐 trabuxu.com.mt
Las fotos en blanco y negro de instrumentos musicales decoran los muros de esta bodega subterránea, ideal para relajarse tras una jornada turística.

4. StrEat
⚐ J2 ⌂ Triq It-Teatru L'Antik
Aquí suelen acudir los asistentes al teatro para tomar después una copa o un tentempié. Se celebran fiestas hasta altas horas de la madrugada.

5. Tico Tico
⚐ H2 ⌂ Triq Id-Dejqa 📞 9943 6726
Fotografías antiguas adornan las paredes de Tico Tico, un salón-bar íntimo. Este local ha jugado un papel clave al contribuir a que el antiguo barrio rojo adquiera fama por su dinámica vida nocturna.

6. Ġugar
⚐ J2 ⌂ 89 Triq Ir-Repubblika
📞 7718 3408 ⏰ lu
Un local colorido, chic y bohemio con mesas repartidas por las escaleras de Republic Street que sirve refrescantes cervezas artesanas y deliciosos tentempiés caseros.

7. Legligin
⚐ H2 ⌂ 119 Triq Santa Lucija
🌐 legliginmalta.com
En este bar se puede tomar vino local e internacional, acompañado por una selección de comida maltesa.

8. Café Society
⚐ J3 ⌂ 13 Triq San Ġwann
Este café está situado cerca de St John's Co-Cathedral y es el preferido de los artistas malteses. Tiene un ambiente acogedor y fantásticas vistas al mar.

9. Kingsway Bar and Café
⚐ J2 ⌂ 57 Triq Ir-Repubblika
📞 2703 7720
Este bar, elegante y relajado, sirve comida y cócteles espectaculares.

10. Yard 32
⚐ H2 ⌂ 32 Triq Id-Dejqa
🌐 yard32.com
Este pequeño y estiloso bar de tapas y copas es famoso por su ambiente informal y por servir la mejor selección de ginebras de la isla.

**Clientes tomando algo
en el popular Yard 32**

Cafés

1. Caffe Cordina
📍 J2 🏠 244 Triq Ir-Repubblika
🌐 caffecordina.com

Es uno de los cafés más famosos de La Valeta y cuenta con una terraza en la plaza. Pese a que el precio de las bebidas y tentempiés (incluyendo *pastizzi*) supera el habitual, la ubicación es inmejorable.

2. Café Jubilee
📍 H2 🏠 125 Triq Santa Lucija
🌐 cafejubilee.com

Este acogedor local está decorado con carteles antiguos. Muy frecuentado por los malteses gracias a los sándwiches y comidas ligeras.

3. Manouche Craft Bakery
📍 H2 🏠 7 Misraħ San Ġwann
🌐 manouche.com.mt

Esta panadería y bistró de inspiración francesa está especializada en exquisitos dulces y pastas, acompañados de los cafés de mejor calidad.

4. Lot 61 Coffee Roasters
📍 J2 🏠 30 Triq It-Teatru L'Antik
🌐 lotsixtyonecoffeemalta.com

Un amplio abanico de granos originales traídos de todo el mundo. Es la mejor opción para tomar los cafés tostados de mayor calidad de la capital.

5. Kantina Café
📍 J2 🏠 Misraħ San Ġwann
🌐 kantinamalta.com

A la vuelta de la esquina de St John's Co-Cathedral, este café sirve buena comida y tartas. También hay carta de bebidas.

6. Piadina Caffe
📍 J3 🏠 24 Triq Santa Lucija
📞 9982 5353

El carismático dueño lo ha convertido en un café muy popular. Es el lugar ideal para tentempiés y almuerzos saludables o para tomar un estupendo chocolate caliente.

7. Upper Barrakka Kiosk
📍 H3 🏠 Triq Sant' Orsla 📞 2099 1478

Se encuentra en los Upper Barrakka Gardens en lo alto de los muros del bastión de La Valeta y ofrece una panorámica espectacular de la ciudad mientras se toma un café. Solo hay que escoger mesa en la terraza y disfrutar de las vistas.

8. Coffee Circus
📍 H2 🏠 Triq San Ġwann
🌐 coffeecircus.eu

Difícil de encontrar, este café es famoso por su personal amable que prepara cafés artesanos de comercio justo.

9. Culto Caffetteria
📍 H2 🏠 Triq San Ġwann 📞 2749 6810

Se dice que este local sirve uno de los mejores cafés de La Valeta, además de sándwiches y ensaladas.

10. Café Manoel
📍 J2 🏠 115 Triq It-Teatru L'Antik

Oculto en el patio del Teatro Manoel, es uno de los mejores cafés artísticos de La Valeta. Hay sándwiches, sopas caseras y estofado de conejo, con la música de ópera de fondo.

Mesas en el exterior del Caffe Cordina

Dónde comer

PRECIOS

Una comida de tres platos con media botella de vino (o equivalente), servicio e impuestos incluidos.

€ menos de 30 € · €€ 30-50 € · €€€ más de 50 €

El acogedor Rubino, repleto de fotografías

1. Aaron's Kitchen

J2 107 Triq L-Arċisqof do cenas aaronshitchenvalletta.com · €€

Se puede elegir entre varios platos malteses para paladear los sabores locales. Cuenta con una selecta carta de vinos locales e internacionales.

2. Casa Sotto

J2 32 Triq L-Arċisqof zeroseimalta.com · €€

Elogiada por ser una de las mejores pizzerías de la isla. Sirve *pizza* romana con ingredientes frescos. Es conveniente reservar.

3. Guzé

J2 22 Triq Il-Fran do guzebistro.com · €€

Guzé, situado en un edificio romántico del siglo XVI, tiene un menú basado en los productos locales de temporada. No hay que dejar de probar el pudin de chocolate caliente.

4. Ambrosia

J2 137 Triq L-Arċisqof 2122 5923 sá mediodía y do · €€

Es un restaurante ubicado en una calle lateral que sirve cocina fresca de la zona en un entorno informal. Hay que probar sus deliciosos postres como la tarta de queso de limón.

5. Da Pippo

H2 136 Triq Melita 2124 8029 do mediodía · €€

Esta pequeña *trattoria* italiana ofrece comida maltesa. Es popular entre la gente de negocios al mediodía, por lo que se recomienda reservar. Celebridades como Tom Hanks han comido aquí.

6. Giannini

H2 23 Triq L'Imithen lu-sá mediodía y do giannini restaurant.com · €€€

Giannini es uno de los mejores restaurantes de la ciudad, y las vistas están a la altura de sus sofisticadas versiones de la cocina local.

7. Rampila

H3 St John Cavalier rampila.net · €€€

Este restaurante ofrece cocina mediterránea moderna.

8. Rubino

H2 53 Triq Il-Fran lu cenas, sá mediodía y do rubinomalta.com · €€

Esta antigua pastelería es una estupenda opción para tomar sopas y estofados malteses.

9. Nenu The Artisan Bake

J2 143 Triq San Duminku nenuthebaher.com · €€

El restaurante sirve platos contundentes y está especializado en cocina básica maltesa, como el estofado de carne de caballo.

10. Palazzo Preca

H2 54 Triq Id-Dejqa lu; invierno: do mediodía palazzoprecavalletta.com · €€

Restaurante de alta cocina situado en un palacio del siglo XVI. La pasta, los pescados y los postres son excelentes.

SLIEMA, ST JULIAN'S Y LAS TRES CIUDADES

Las poblaciones vecinas de La Valeta, Sliema y St Julian's al noroeste y las Tres Ciudades de Birgu (Vittoriosa), L-Isla (Senglea) y Kalkara al sureste no podrían ser más diferentes. Las Tres Ciudades, asentadas sobre un par de promontorios frente al mar, son tranquilas y están llenas de historia, con el antiguo Fort St Angelo en Birgu y la venerada Parish Church of Senglea en L-Isla. Sliema y St Julian's son animadas y bulliciosas, con grandes hoteles, viviendas de lujo, centros comerciales y discotecas. St Julian's se halla en Spinola Bay, salpicada de restaurantes junto al mar.

1 Imprescindible
p. 77

1 Dónde comer
p. 83

1 Compras
p. 80

1 Bares y cafés
p. 82

1 Vida nocturna
p. 81

Para alojamientos en la zona, ver p. 117

1 Birgu

Birgu *(p. 32)* es una ciudad pequeña, la primera base de los caballeros en Malta, situada en una península que sobresale en el Grand Harbour. El Fort St Angelo, la fortaleza más antigua del país, domina la punta de la península, y los edificios de los caballeros y los británicos del paseo marítimo ahora son restaurantes, cafés y el Malta Maritime Museum. En el interior hay un laberinto de calles encerradas por las impresionantes fortificaciones, como Collachio, la zona reservada a los caballeros de la Orden de San Juan y sus albergues.

2 Manoel Island, Sliema

G1 Gzira

Esta zona cargada de historia, largo tiempo abandonada y a la espera de ser rehabilitada, es una isla unida con Sliema por un puente. Los caballeros la usaron como hospital de cuarentena desde 1643. La gente tenía que permanecer durante semanas en este lugar para asegurarse de que no eran portadores de la peste. El Fort Manoel fue construido en el siglo XVIII para proteger Marsamxett Harbour.

3 Spinola Bay, St Julian's

N1

El urbanismo de hormigón de la costa norte de Malta no ofrece ningún atractivo, pero Spinola Bay es una excepción. Esta bahía es uno de los destinos de moda de Malta, con restaurantes con vistas al mar. Las *luzzus* multicolores se mecen bajo el sol mientras los pescadores remiendan las redes en la orilla. La bahía alcanza su esplendor por la noche, cuando las luces se reflejan parpadeantes en el agua.

4 St George's Bay

N1

St George's Bay, la única playa de arena de Sliema y St Julian's, está rodeada de bares, restaurantes y discotecas, y está cerca del Bay Street Mall *(p. 80)*. La arena se repone regularmente.

5 Fort Rinella, Kalkara

E4 Triq Santu Rokku
10.00–16.30 sá wirtartna.org

Rinella fue una de las dos baterías construidas por los británicos en la década de 1880 para hacer frente a la amenaza italiana. Se la dotó de un cañón Armstrong de 100 toneladas, pero quedó obsoleto 20 años después con la artillería más moderna. Hay un grupo de jóvenes con atuendos victorianos que ponen en escena una visita animada –en la que disparan cañones y mosquetones– para ilustrar de manera divertida la historia del fuerte.

Terraza de un restaurante con vistas a Spinola Bay

EL MIRADOR

En los jardines de Ġnien il-Gardjola, en un extremo de Senglea (L-Isla), hay un pequeño *vedette* (mirador). Asomándose sobre el elevado Senglea Point, ofrece una vista preciosa del Grand Harbour. El famoso mirador tiene esculpidos símbolos de vigilancia (un ojo, una oreja y una garita), cuya finalidad era recordar a los centinelas su obligación.

6 Parish Church of Senglea (L-Isla)

K6 · 27 Triq San Lawrenz · 2182 7203 · Durante la misa: 7.00 diario

Esta iglesia parroquial, conocida como la Natividad de María, es muy querida por los malteses debido a su venerada escultura revestida de plata. En 1786 el papa Pío VI declaró la iglesia *collegiate insignis*, y el papa Benedicto XV le concedió el título de basílica en 1921. Fue destruida por los bombardeos de la Segunda Guerra Mundial, pero se reconstruyó en 1956.

7 Excursiones en barco desde Sliema

Q3

Sliema –especialmente el largo muelle llamado Sliema Ferries– es el punto de partida de la mayoría de las excursiones en barco de Malta. Se recomienda hacer una excursión por el Grand Harbour y Marsamxett Harbour (las aguas que rodean La Valeta). También realizar un viaje de un día a Comino y la Blue Lagoon, donde se puede nadar y bucear en sus aguas azules, o explorar la isla y las cuevas de alrededor. Otra opción es volver en ferri a La Valeta, que es más rápido y agradable que ir por carretera.

8 Paceville

N1

Paceville, al oeste de St Julian's, es el centro de la vida nocturna de Malta. La mayoría de sus calles estrechas están llenas de bares, *pubs*, discotecas, hoteles y establecimientos de comida rápida. En las noches de verano retumba el sonido de los bajos y las calles están llenas de adolescentes. Las pistas de baile y las calles son casi lo mismo, aunque ahora es técnicamente ilegal beber en la calle. La fiesta continúa hasta la madrugada. También hay excelentes restaurantes frecuentados por personas de todas las edades.

9 Triq It-Torri, Sliema

P2–Q2

Sliema, antiguamente un pequeño pueblo pesquero y modesto balneario,

Paseo de palmeras en un jardín de Triq It-Torri, Sliema

hoy es un bullicioso centro de actividad repleto de hoteles, tiendas, restaurantes y bares. No obstante, se han conservado ciertas tradiciones, como la *passeggiata*, el habitual paseo de la tarde importado de Italia. Cada noche, parejas y familias recorren el paseo marítimo, Triq It-Torri (calle de la Torre), saludando a los vecinos y escrutando a los visitantes. Los cafés son un buen lugar para observar a la gente pasar. El tramo entre Għar Id-Dud y St Julian's Point es el más popular.

10 Balluta Bay, St Julian's

N2

Balluta Bay, frente al Meridien Hotel, es un lugar junto al mar muy especial por la noche, a pesar del desarrollo turístico de las décadas de 1980 y 1990. En el paseo marítimo hay restaurantes y bares, muchos con vistas al mar. Las aguas claras de la bahía son ideales para nadar, pero el litoral es rocoso y hay pequeñas franjas de costa, porque no hay playa (para eso hay que ir a St George's Bay). En la piscina que hay al borde del agua se juega al waterpolo.

Vista desde el paseo marítimo de Sliema

UN PASEO POR LAS TRES CIUDADES

Mañana

Puedes acceder a **Birgu** (p. 32) por su imponente puerta principal (donde hay un café al aire libre) y seguir por Triq Il-Mina I-Kbira. A la derecha se sitúa el **Inquisitor's Palace** (p. 32), donde se acusaba de herejía a los desafortunados prisioneros. A espaldas del palacio se extiende el barrio original de los caballeros, llamado Colacchio. Bajando por Triq H Tabone llegas a los *auberges* (hospederías) de los caballeros, y a continuación puedes regresar a la plaza central, Misrah Ir Rebħ. Gira a la derecha hacia **Vittoriosa Waterfront** (p. 33) y disfruta de una comida en cualquiera de los restaurantes con vistas de los barcos amarrados en el puerto deportivo.

Tarde

Baja hacia la orilla hasta Dockyard Creek. El Freedom Monument (monumento a la Libertad), delante de la Church of St Lawrence, rinde homenaje a las víctimas de la Segunda Guerra Mundial. Conviene apuntarse a una **excursión en barco** por el Grand Harbour para admirar las incomparables vistas de La Valeta (p. 78) y las Tres Ciudades. El paseo sigue por la bahía hasta la entrada de Senglea. Si desciendes por la calle principal, Triq Il-Vitorja, desvíate a la derecha para visitar la **Parish Church of Senglea**. Continúa por la calle principal hasta los jardines de la punta del cabo, donde se halla el *vedette* (mirador) y sus curiosos símbolos, con magníficas vistas.

Compras

1. Bay Street Mall, St Julian's
N1 St George's Bay
baystreet.com.mt
Este centro comercial de Malta aglutina sucursales de las principales cadenas (destacan las firmas italianas y británicas), así como cafés y áreas de recreo infantiles.

2. The Point, Sliema
E4 Tigne Point
El centro comercial más grande de Malta cuenta con variedad de tiendas, incluidas marcas de lujo británicas.

3. Shoreline, Kalkara
E4 SmartCity, Triq Santu Rokku
shorelinemall.com
Este centro comercial ofrece de todo, desde moda y cosméticos hasta juguetes y tecnología. También tiene restaurantes al aire libre con vistas a una bonita fuente con espectáculos de luz.

4. CamilleriParisMode, Sliema
Q3 Annunciation Square
camilleriparismode.com
La tienda, cercana al mar, es conocida por la calidad estética de sus productos, que van desde decoración para el hogar hasta complementos de moda.

5. Merlin Library, Sliema
Q3 Bisazza Street
merlinlibrary.com
Enorme librería con una amplia variedad de libros sobre Malta, literatura infantil, y títulos de ficción y ensayo.

6. Mercury, St Julian's
N1 St George's Road
mercury.com.mt
Este exclusivo centro, situado dentro de las Mercury Towers en St Julian's, está especializado en moda, joyas y cosmética de lujo.

7. Bisazza Street, Sliema
Q3
Los amantes de las compras no deben pasar por alto esta avenida. En Bisazza

La gran variedad de tiendas de The Point, en Sliema

Street y alrededores se encuentran el Plaza Shopping Centre, un supermercado y todas las cadenas de moda habituales.

8. The Model Shop, St Julian's
N1 Bay Street Tourist Complex, Level 0, St George's Bay modelshop.com.mt
La sucursal de una de las cadenas de jugueterías más grandes de Malta ofrece todo lo que los pequeños necesitan para entretenerse.

9. Diamonds International, St Julian's
N1 Portomaso diamonds international.mt
En la mayor joyería de Malta hay diamantes, perlas, oro, plata y todo tipo de piedras preciosas.

10. Wellbee's Supermarket, Sliema
Q3 Triq Il-Kbira
Las tiendas y furgonetas de fruta y verdura de los pueblos cubren casi todas las necesidades de los visitantes, aunque de vez en cuando es útil un supermercado. Este es el más grande de la zona y seguro que tiene todo lo que el visitante pueda necesitar.

Vida nocturna

1. Twenty Two, St Julian's
N1 Portomaso
El Twenty Two, un sofisticado bar frecuentado por una clientela internacional, está situado en el último piso de Portomaso Tower.

2. Dragonara Palace Casino, St Julian's
E3 Dragonara Point
dragonara.mt
Este *palazzo* del siglo XIX junto al mar es el casino más lujoso de Malta, con juegos de azar, máquinas tragaperras y animación. Solo mayores de 18 años.

3. Sky Club, Paceville
N1 Triq Dragunara
Es una de las mayores discotecas de la isla, con una enorme pista de baile rodeada de pantallas LCD.

4. Long Hall Irish Pub, Paceville
N1 Triq San Ġorġ
Este *pub* irlandés sirve comida tradicional británica, bebidas espirituosas y cervezas de barril. Además, es un magnífico lugar para ver deporte en directo.

5. Havana Club, Paceville
D3 Triq San Ġorġ
Uno de los mejores clubs de R&B, soul y hip hop de la isla.

6. Juuls, St Julian's
N1 57 Triq San Ġiljan, Spinola Bay
juuls.mt
Es un peculiar y acogedor local de reggae que sirve cócteles y zumos de fruta natural. Pinchan el mejor reggae, roots, dub y ragga de la isla.

7. Hugo's Lounge, Paceville
N1 Triq San Ġorġ
Esta discoteca del centro de Paceville se encuentra en St George's Bay. Aquí se puede bailar y después relajarse en alguno de los sofás o en las mesas al aire libre.

8. Qube, Paceville
N1 Triq Santa Rita
qubemalta.com
Bar de vodkas, abre cada día hasta las 4.00 de la madrugada y cuenta con 60 etiquetas y miles de sabores. Miércoles, promociones especiales.

9. The Eden and Cinemas, St Julian's
N1 Triq San Ġorġ
Es el multicine con bolera más grande de Malta y el mejor lugar para estar al tanto del último éxito de taquilla.

10. Portomaso Casino, St Julian's
N1 Portomaso
portomasocasino.com
Este casino situado bajo la Portomaso Tower ofrece juegos como el *blackjack* y la ruleta, y cuenta con máquinas tragaperras. Posee el mayor salón de póker de Malta.

El elegante interior del bar Twenty Two, St Julian's

Bares y Cafés

1. Kyoto, Sliema

⊠ Q3 ⌂ Ghar il Lembi Street
☎ 2708 5059

Peculiar panadería japonesa que sirve café tostado localmente, tés aromáticos y variedad de delicias tradicionales. Su *melonpan* (bollo con forma de melón japonés) se deshace en la boca.

2. Marina Terrace, St Julian's

⊠ N1 ⌂ Portomaso ☎ 2138 9300

En esta *pizzería* y *brasserie* con vistas a la preciosa Portomaso Marina se puede disfrutar de un almuerzo o un tentempié. Se sirve una amplia variedad de rollitos, hamburguesas y sándwiches. Dispone de mesas al aire libre y de wifi gratuito.

3. Carolina's Petit Café & Tearoom, Sliema

⊠ Q3 ⌂ 69 Triq Bisazza ☎ 9982 8682

Este bonito salón de té sirve una deliciosa selección de dulces y tentempiés caseros.

4. Vinotheque Bistro, St Julian's

⊠ D3 ⌂ Corinthia Marina Hotel, St George's Bay ⊕ vinothequemalta.com

Dentro de un elegante hotel, esta vinoteca tiene una excelente selección de vinos locales y extranjeros, junto con comidas ligeras y aperitivos. Hay una agradable terraza para relajarse en verano.

5. The Dubliner, St Julian's

⊠ N1 ⌂ Spinola Bay ⊕ irish pubinmalta.com

En este agradable bar irlandés, que sirve cervezas y copas, tanto visitantes como malteses disfrutan de un sabroso asado los domingos. También programa regularmente música en directo.

6. Hole in the Wall, Sliema

⊠ Q3 ⌂ 31 High Street ⊕ holein thewall.com.mt

Local de barrio situado en unos antiguos establos, lleva casi un siglo funcionando y es el bar más antiguo de Sliema. Desde la pequeña tarima se ofrecen actuaciones con música en directo.

7. Café Cuba, St Julian's

⊠ N1 ⌂ Spinola Bay ⊕ cafecuba. com.mt

Este café junto al mar ofrece vinos, cervezas y cócteles. Las hamburguesas son muy populares.

8. Del Borgo Wine Bar, Birgu

⊠ L5 ⌂ Triq San Duminku
⊕ delborgomalta.com

Bar que cuenta con una extensa selección de vinos y una carta a base de delicias de la zona. Destaca el sabroso pudin de pan maltés.

9. Giorgio's, Sliema

⊠ Q3 ⌂ Triq Ix-Xatt ☎ 2134 2456

Es el lugar perfecto para observar el ambiente desde el paseo marítimo de Sliema y contemplar el atardecer en la terraza los malteses disfrutan de su *passeggiata*.

10. DATE Art Café, Bormla

⊠ E4 ⌂ Triq Dom Mintoff
⊕ dateartcafe.com

Con vistas a los muelles de Cospicua, este café es ideal para una comida romántica. Famoso por la deliciosa comida, el café y los cócteles, su carta de postres incluye opciones sin gluten y sin azúcar.

Terraza del Café Cuba, en St Julian's, con vistas a Spinola Bay

La evocadora decoración del Blue Elephant, en St Julian's

Dónde comer

1. Il-Ħnejja, Senglea

📍K5 🏠14 Xatt Juan B Azopardo, Senglea 📞7960 3564 🕐lu · €€
Situado en una casa señorial que se asoma al mar, este restaurante es muy conocido por el marisco y la cocina mediterránea.

2. Tal-Petut, Birgu

📍L5 🏠20 Triq P Scicluna 🕐lu-sá cenas, do mediodía 🌐talpetut.com · €€
El chef Donald crea una experiencia gastronómica privada preparando un menú particular para cada comensal. Hay que reservar con antelación.

3. Salumeria Gardens, St Julian's

📍N1 🏠Spinola Road 🕐Mediodía 🌐salumeriagardens.com · €€
Considerada una de las mejores pizzerías de la isla y situada en un patio exuberante, es un remanso de paz en medio del bullicio de Paceville. Sirve deliciosa *pizza*, cervezas artesanas y cócteles.

4. Rosami at the Villa, St Julian's

📍N2 🏠39 Triq Il-Kbira, Balluta Bay 🕐lu-sá mediodía 🌐rosamixara collection.com · €€
Esta *brasserie*, ubicada en un palacio del siglo XIX junto al mar, tiene una terraza con estupendas vistas. Ofrece un menú a la carta variado y creativo.

5. Zest, St Julian's

📍N1 🏠25 Triq San Ġorġ 🕐do 🌐zestflavours.com · €€
Restaurante que sirve comida contemporánea continental y asiática. La terraza es ideal para el aperitivo.

6. Raffael, St Julian's

📍N1 🏠Spinola Bay 📞2135 2000 · €
Con vistas a Spinola Bay, ofrece ensaladas, *pizza*, hamburguesas caseras y kebabs, especialidades maltesas y desayuno inglés.

7. Sottovento, Birgu

📍K5 🏠Vittoriosa Waterfront 📞2180 8990 · €€
Este local de camino al Fort St Angelo está especializado en cocina mediterránea, pescado y *pizza* al horno de piedra.

8. The Chophouse, Sliema

📍Q2 🏠Tigne Point 🌐chophouse. com.mt · €€€
Es el principal restaurante de carnes de Malta, pero también sirve pescado y buen vino.

9. Peppino's, St Julian's

📍N1 🏠31 Triq San Ġorġ 📞2137 3200 🕐do · €€
Muros de ladrillo, ventanas francesas y un menú italiano marcan el estilo de este restaurante con vistas al mar.

10. Blue Elephant, St Julian's

📍N1 🏠Hilton Hotel, Portomaso 📞2138 3383 🕐Mediodía · €€€
Sirve la mejor cocina tailandesa de Malta. Se puede cenar con vistas al puerto deportivo.

NORTE DE MALTA

El norte de Malta ofrece una gran variedad de actividades.
Aquí se ubican algunos de los destinos de vacaciones más
llamativos y animados de la isla –concretamente, la
capital lúdica de veraneo de Buġibba–. St Paul's Bay y el
complejo de Mellieħa son algo más tranquilos, mientras
que Mellieħa Bay es la playa de arena más popular de la
isla. Si los niños llegasen a cansarse de sol y playa, pueden
disfrutar de las mejores atracciones, desde parques
acuáticos hasta el plató cinematográfico Popeye Village.
La isla también destaca por sus parajes naturales,
con magníficos acantilados, un extraordinario paisaje
costero y calas recónditas, sobre todo en Marfa Ridge.
Los amantes de la naturaleza no pueden dejar de visitar
la Għadira Nature Reserve. Por último, la Malta antigua
se manifiesta en los templos de Skorba y Ta Ħaġrat,
declarados Patrimonio de la Humanidad por la Unesco.

❶ Imprescindible
p. 85

① Dónde comer
p. 89

① Playas y bahías
p. 88

0 kilómetros   2

Para alojamientos en la zona, ver p. 118

1 Mellieħa
📍 B2

La histórica ciudad de Mellieħa se alza sobre la bahía y la playa. Aunque fue uno de los primeros concejos de Malta, su emplazamiento del siglo XV era muy difícil de defender de los piratas, por lo que se mantuvo largo tiempo abandonado hasta el siglo XIX. Mellieħa tiene una iglesia de cada época –la más antigua posee un fresco que, según se dice, pintó san Lucas–.

2 Mellieħa Beach
📍 B2

Es la playa de arena más larga de Malta y es perfecta para familias por sus aguas poco profundas. Es una pena que la carretera principal transcurra a lo largo de toda la bahía, pero las arenas doradas y las aguas claras son estupendas y hay cafés, deportes acuáticos, paseos en banana inflable y parapente. Los hoteles dominan cada extremo de la playa, y hay alojamientos en el pueblo sobre la colina.

3 Templos de Skorba, Żebbiegħ
📍 B3 🏠 Cerca de Mġarr 🕐 10.00-16.30 ma-do 🌐 heritagemalta.mt 📷

Se cree que los templos de Skorba se encuentran entre las construcciones más antiguas del mundo. Pese a que el yacimiento ha proporcionado información arqueológica significativa, hay poco que ver. Destacan las concavidades para libaciones esculpidas en la entrada, y se ha sugerido que aquí se derramaba la sangre de los animales sacrificados como ofrenda a los dioses.

4 Templos de Ta' Ħaġrat, Mġarr
📍 B4 🏠 Triq San Pietru 🕐 10.00-16.30 ma-do 🌐 heritagemalta.mt 📷

Las primeras excavaciones de estos templos las llevó a cabo en la década de 1920 el arqueólogo maltés *sir* Themistocles Zammit. En 1992 fueron declarados Patrimonio de la Humanidad de la Unesco como parte de un conjunto de sitios megalíticos locales.

Entrada a la famosa Egg Church, Mġarr

5 Mġarr
📍 B3

En las islas maltesas existen dos lugares con esta misma denominación: el muelle de Gozo y este pueblo de la isla de Malta. El orgullo de sus habitantes es la Egg Church (iglesia del Huevo), construida hacia 1930 con la recaudación de la venta de huevos. Se puede explorar un refugio subterráneo utilizado en la Segunda Guerra Mundial, cuyas cámaras se han rehabilitado para recrear el aspecto que tenían. Mġarr es un buen lugar para probar el plato maltés, *fenek* (conejo), cocinado en distintas versiones.

6 Buġibba y Qawra
📍 C3

Buġibba, grande y bulliciosa, y su vecina Qawra, más tranquila, son dos de los principales destinos vacacionales de las islas. Ambas están enfocadas al sector turístico. Buġibba alberga la mayor concentración de locales nocturnos. La vida en Buġibba se centra en la plaza principal empedrada y la playa artificial elevada. Ambas cuentan con playas, excursiones en barco y deportes acuáticos. Es difícil desplazarse sin coche, aunque se pueden realizar excursiones.

7 Għadira Nature Reserve

📍 B2 🏠 Għadira, Mellieħa Bay 🕐 Sep-may: 14.00-19.00 lu, mi y vi, 10.00-16.00 sá y do 🌐 birdlifemalta.org

La caza furtiva y las trampas de aves en Malta son objeto de duras críticas. Esta reserva a espaldas de la playa de Mellieħa fue creada por BirdLife, la sección local de un grupo ecologista internacional; en los últimos años ha conseguido el apoyo de muchos malteses y han abierto una segunda reserva cerca de Xemxija. Se programan días especiales para el público en general y para familias, y los voluntarios realizan recorridos por la reserva los fines de semana. Los demás días se puede hacer con cita previa. En Malta, más que en ningún otro lugar, la migración domina el calendario ornitológico, de modo que el avistamiento de aves en esta reserva depende de cada estación.

8 Popeye Village, Anchor Bay

📍 A3 🕐 10.00-18.00 diario 🌐 popeyemalta.com 🔗

Anchor Bay (bahía del Ancla) fue bautizada en alusión a las numerosas anclas de piedra romanas halladas en el mar. Desde 1980 es conocida por

SAN PABLO EN MALTA

Según la tradición, san Pablo naufragó en el año 60 en la bahía actualmente conocida como St Paul's Bay. Los habitantes del lugar le atribuyeron su santidad cuando salió totalmente ileso después de ser atacado por una víbora. Tras ello, san Pablo convirtió al gobernador romano Publius al cristianismo y lo nombró primer obispo de Malta.

albergar un plató cinematográfico, Popeye Village. Se puede dar un paseo por las divertidas y serpenteantes calles del pueblo natal de Popeye, Sweethaven.

9 Marfa Ridge

📍 B2

En los mapas, Marfa Ridge se asemeja a la cola de un pescado atrapada en el perímetro circular de la isla. Sus lugares de interés son las almenas de la Red Tower (torre Roja) y los acantilados de Ras Il-Qammieħ. Con un litoral salpicado de calas y playas, es un paraíso para senderistas.

Paseo a lo largo del puerto
de St Paul's Bay

10 St Paul's Bay
B3

St Paul's Bay, el más bonito de los
enclaves que rodean la bahía del
mismo nombre, conserva algunos
vestigios de la antigua cala de
pesca donde se desarrolló. El
puerto, con su flota de vistosos
luzzus, sigue siendo encantador.
Carece de playas, aunque hay rocas
lisas para tomar el sol.

**Plató cinematográfico de
Popeye Village, Anchor Bay**

RUTA EN COCHE POR EL NORTE DE MALTA

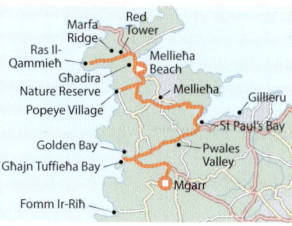

Mañana

Este recorrido comienza en **Mellieħa**
(p. 85). Empieza el día con un baño
en **Mellieħa Beach** (p. 85). Después,
puedes hacer una excursión por
Għadira Nature Reserve para
observar aves, especialmente si es
la estación migratoria de primavera
u otoño. Dirígete al oeste hasta
Popeye Village para visitar el antiguo
decorado de cine. Vuelve a tomar
la carretera principal desde Mellieħa
y sube a **Marfa Ridge.** Es buena idea
parar en la Red Tower (p. 86) para
conocer un poco de la historia de
los caballeros y contemplar vistas
panorámicas de Comino y Gozo.
Continúa hasta Ras Il-Qammieħ
para ver los espectaculares
acantilados. Después de regresar
a Mellieħa puedes subir al pueblo
para visitar las iglesias y comer en
alguno de sus restaurantes.

Tarde

Conduce hacia el sur hasta **St Paul's
Bay** (donde se dice que naufragó san
Pablo) y recorre 4 km por el verde
Pwales Valley, con huertos
flanqueados de muros de piedra.
Tras aparcar en lo alto del acantilado,
los casi 200 escalones de piedra te
conducen hasta **Għajn Tuffieħa Bay**
(p. 88). Puedes recorrer a pie el cabo
hasta la playa de **Golden Bay** (p. 88),
más concurrida, o bien realizar una
excursión en barco a la cala de **Fomm
Ir-Riħ** (p. 88). Si lo deseas, puedes
acercarte a **Mġarr** (p. 85), famoso
por su cocina tradicional, o volver
a St Paul's Bay y tomar una copa
en **Gillieru** (p. 89).

Playas y bahías

1. Paradise Bay
📍 A2
A esta bahía de arena con forma de media luna se accede por un tramo de escalones esculpidos en la roca. Muy frecuentada, se recomienda ir entre semana o en temporada baja.

2. Ġnejna Bay
📍 A3
Muy popular entre las familias, es una bahía con un tramo de arena en medio de un gran arco de rocas guarecidas por acantilados de caliza. Hay embarcaderos que rodean pequeñas calas.

3. Golden Bay
📍 A3
De fácil acceso, esta playa de arena ofrece buenos servicios, entre ellos alquiler de piraguas y botes de pedales. De vez en cuando hay fuertes corrientes, lo cual se advierte con bandera roja.

4. Mellieħa Beach
Esta angosta franja de costa es la playa de arena más grande de Malta (p. 85). Es fácil llegar en autobús o en coche y tiene excelentes instalaciones, lo que la hace muy popular entre las familias.

5. Għajn Tuffieħa Bay
📍 A3
Għajn Tuffieħa es una bahía rodeada de colinas. Hay magníficos senderos sobre los acantilados que recorren la bahía.

6. Little Armier
📍 B2
Las playas Armier y Little Armier están separadas por un breve tramo rocoso. La primera es un poco agreste, pero la segunda es una cala de arena con chiringuito.

7. Salina Bay
📍 C3
Si algo caracteriza a Salina Bay son las hileras de bloques de hoteles y

Disfrutando de las vistas en Paradise Bay

apartamentos. A pesar de que no es una playa propiamente dicha, se puede tomar el sol sobre las rocas lisas y aprovechar la poca profundidad del agua para bañarse.

8. Mistra Bay
📍 B3
Es fácil pasar de largo el cruce de esta playa cercana a Xemxija, pues se accede por una carretera secundaria donde se respira el aroma a miel. Es perfecta para nadar o bucear.

9. Fomm Ir-Riħ Bay
📍 A4
Resulta difícil acceder a esta playa, hermosa y salvaje, por lo que llega poca gente, excepto en pleno verano.

10. Anchor Bay
📍 A3
Esta cala de arena, próxima a Popeye Village (p. 86), suele pasar desapercibida. La playa es pequeña, pero es perfecta para hacer un pícnic.

Dónde comer

1. Ta' Randi, Mellieħa

 B3 101 Triq Gorg Borg Olivier
 2152 3343 · €€

Este local, con un gran ambiente y una sala abovedada, ofrece excelentes platos que van desde magnífica *pizza* hasta recetas maltesas.

2. Gillieru, St Paul's Bay

 B3 66 Triq Il-Knisja 2157 3480 · €€

Local amplio y familiar con una ubicación inmejorable y vistas a la bahía. Se puede comer, cenar o tomar un café. Es muy recomendable el pescado fresco.

3. Krepree, Buġibba

 C3 165 Dawret Il-Gzejjer
 hrepree.com · €

Son célebres sus *crêpes* francesas, dulces y saladas, mientras se disfruta de las vistas del mar desde la terraza.

4. Ta' Pawla Restaurant, St Paul's Bay

 C3 320 Tourist Street
 tapawlarestaurant.com · €€

Para probar cocina tradicional maltesa y mediterránea con una carta muy variada.

5. Lovage Bistro, Buġibba

 C3 Triq I-Imhar, St Paul's Bay
 lu lovagebistro.com · €€€

Este bistró combina el estilo casero con un toque moderno. Hay una terraza en el patio con un bar para los meses más cálidos.

6. Minoa, St Paul's Bay

 C3 Dahlet il-Qawra
 minoa.mt · €€

Restaurante de fusión mediterránea con una carta ecléctica que incluye platos del norte de África y Oriente Próximo, además de especialidades maltesas. Aquí todo es de primera, tanto la comida como las vistas de Minoa.

7. Il-Mithna, Mellieħa

 B3 58 Triq Il-Kbira do
 mithna.com · €

Este restaurante, que en el siglo XVII era un molino, ofrece una cocina de fusión con un toque maltés.

8. Fat Harry's Pub, Buġibba

 C3 Pjazza Walhway fat harryspub.com · €€

Un acogedor *pub* de estilo británico que destaca por su carta de asados, hamburguesas y tartas, además de algunas especialidades maltesas y una selección de cervezas.

9. Ta' L-Ingliz, Mġarr

 B3 Triq Il-Kbira 2157 4605 · €€

Restaurante famoso por su excepcional *fenkata* (estofado de conejo) y sus contundentes platos con pan fresco de la zona. Imprescindible para descubrir la auténtica cocina tradicional maltesa.

10. Rebekah's, Mellieħa

 B3 Triq It-Tgham rebekahs restaurant.com · €€€

Ubicado en una granja de 200 años restaurada, este restaurante recomendado por Michelin se especializa en cocina contemporánea que pone en valor los sabores mediterráneos.

El llamativo exterior de Fat Harry's Pub, Buġibba

CENTRO DE MALTA

Situada en una meseta en pleno centro de la isla, y protegida por unos muros impenetrables, Mdina es la antigua capital y la ciudad más bella de Malta. Sus calles rezuman historia y cada palacio y capilla medieval parece susurrar sus secretos, especialmente al caer la noche. La vecina Rabat, de la misma época, ocupa un lugar especial en los corazones de los devotos malteses, pues al parecer fue aquí donde san Pablo pisó tierra firme tras naufragar en el año 60. Dingli Cliffs, al sur, son unos acantilados con vistas espectaculares perfectos para las excursiones. Los Buskett Gardens ofrecen un respiro del calor estival, y en Clapham Junction el origen de las rodadas de carro permanece inmerso en el misterio. Mosta, una de las mayores ciudades de Malta, está dominada –al igual que gran parte de la isla– por la colosal cúpula de su iglesia parroquial, que se salvó de los bombardeos de la Segunda Guerra Mundial.

1 Imprescindible
p. 91

1 Restaurantes
y cafés
p. 95

1 Y además...
p. 94

0 kilómetros 2

Para alojamientos en la zona, ver p. 118

Jardines barrocos del Palazzo Parisio en Naxxar

1 Palazzo Parisio, Naxxar

📍 C4 🏛 Pjazza Vittorja 🕐 9.00-17.30 diario 🌐 palazzoparisio.com ↗

Este palacio aristocrático fue construido para el gran maestre portugués Manoel de Vilhena (*p. 71*) en 1733. A finales del siglo XIX lo compró Scicluna, un noble filántropo que lo transformó en una mansión con un salón de baile dorado. Destacan los jardines barrocos formales –parte de la colección Grandi Giardini Italiani–, especialmente bonitos en primavera.

2 Los Tres Pueblos (Balzan, Lija, Attard)

📍 C4, D4

Estos tres pueblos comprenden tres núcleos urbanos colindantes. A simple vista se funden con las poblaciones que ocupan gran parte de Malta, y sin embargo sus cascos históricos albergan algunos de los edificios más preciados de la isla. A salvo de los otomanos a partir del Gran Asedio de 1565, en Malta se produjo un aumento considerable de la construcción, época de las casas señoriales y palacios de los Tres Pueblos. Con el crecimiento de estos se unieron sus lindes, aunque mantuvieron su elegancia bajo el dominio británico e incluso hasta el presente. El paseo por estas calles señoriales permite apreciar de primera mano parroquias medievales, palacetes barrocos, mansiones de estilo inglés y bloques de viviendas modernos. La iglesia más bonita es la parroquia de Attard, construida por Tommaso Dingli en 1613. Es el templo renacentista más emblemático de las islas.

3 Mdina

El tiempo se detuvo en la antigua capital (*p. 30*) con el desembarco de los caballeros hacia 1530, los cuales se establecieron alrededor del Grand Harbour, controlando Mdina y a su población al mismo tiempo. La Ciudad del Silencio, como aún se la conoce, rebosa de turistas de día, pero la serenidad vuelve al atardecer. Si es posible, se recomienda recorrer esta ciudad tanto de día como de noche.

4 Rabat

Rabat y Mdina (*p. 30*) formaban una única entidad hasta que los árabes amurallaron y fortificaron la segunda. Rabat conserva en su Domvs Romana los vestigios romanos más destacados de las islas. Los restos de esta villa romana se ubican junto a un museo con mosaicos y frescos del periodo romano. Rabat aglutina muchos de los lugares de interés religioso más famosos de Malta, entre los que figuran la cueva donde al parecer vivió san Pablo después de su naufragio, las catacumbas que se remontan a los primeros años del cristianismo y una cueva con murales del siglo XIV donde se dice que se escondió santa Ágata.

Mosaico romano en la Domvs Romana de Rabat

de la Xewkija Rotunda *(p. 103)*, en Gozo. Los habitantes de Mosta aseguran que su cúpula supera a la de Xewkija si se mide el volumen en lugar de la altura.

5 Dingli Cliffs
📍 B5

Los espectaculares acantilados de Dingli son salvajes y no están urbanizados: un raro privilegio en la pequeña y abarrotada isla de Malta. Un lugar perfecto para practicar el senderismo o pasar el día, con vistas a la pequeña isla de Filfla.

6 Mosta Dome, Mosta
📍 C4 🏠 Pjazza Rotunda
🕐 9.00-11.00 y 15.00-17.00 lu-sá
🌐 mostachurch.com

La gigantesca cúpula de la iglesia parroquial de Mosta se ve desde gran parte de la isla. En su época la tercera más grande de Europa, quedó relegada a una cuarta posición –en opinión de los gozitanos– en 1971 con la construcción

EL MILAGRO DE MOSTA

El 9 de abril de 1942 estaban congregados unos 300 feligreses en misa cuando una bomba alemana atravesó la Mosta Dome, cayendo al suelo y deslizándose por la iglesia. Increíblemente, la bomba no explosionó, hecho que los malteses siempre han atribuido a un milagro. En el pequeño museo que forma parte de la iglesia se exhibe una réplica de dicha bomba.

7 Clapham Junction
📍 C5 🏠 Dingli Cliffs, cerca de Buskett Gardens 🌐 heritagemalta.mt

En este lugar se encuentran unos surcos paralelos grabados en las rocas de una hermosa y agreste meseta. Es probable que los formaran los vehículos que llevaban piedras de las canteras próximas en la época clásica.

8 Victoria Lines
📍 B4

Las Victoria Lines son 12 km de fortificaciones que se extienden todo lo ancho de Malta. Fueron construidas por los ingleses a finales del siglo XIX. La idea era impedir el ataque por tierra de un ejército que hubiera anclado al norte de la isla. El muro defensivo, construido en una gran cresta natural (The Great Fault), une tres fuertes –uno en cada extremo– y el Mosta Fort en medio. Quedaron obsoletos a los pocos años de su finalización en 1897, pero el camino que hay por encima del muro permite dar estupendos paseos con vistas panorámicas.

9 Verdala Palace y Buskett Gardens
📍 C5 🏠 Triq Il-Buskett

Visibles desde gran parte del sur de Malta, los torreones almenados del

**Púlpito de madera tallada
en la iglesia parroquial de Mosta**

palacio de Verdala parecen flotar sobre un denso bosque. El palacio (no está abierto al público), construido en 1588 como residencia de verano para el gran maestre Hughes de Verdalle, lo ocupa actualmente el presidente maltés. El bosque, conocido como Buskett Gardens (*p. 53*), es el único paraje boscoso de Malta, con merenderos entre los árboles.

10 San Anton Palace Gardens, Attard

C4 De G Portelli

7.00–19.00 diario

Estos jardines están escondidos en San Anton, un tranquilo rincón de Attard. Se hallan anexos a un palacio de verano construido por el gran maestre Antoine de Paule hacia 1620. En la actualidad, el palacio (cerrado a los visitantes) es la residencia oficial del presidente de Malta, pero una sección de los jardines se abrió al público en 1882. Lucen en todo su esplendor en primavera, cuando se produce un estallido de color en los parterres y jardineras. Las aves de caza y pavos reales deambulan libremente por el jardín.

**Pavo real en los San Anton
Palace Gardens, Attard**

UN PASEO POR MDINA

Mañana

Es buena idea entrar a **Mdina** (*p. 30*) por la puerta principal. Dirígete a la derecha para pasar por el **Palazzo Vilhena** (*p. 30*). Puedes echar un vistazo al patio desde la entrada principal antes de continuar hacia el **Xara Palace Hotel** (*p. 118*), para tomar un café en este palacio del siglo XVIII. Después sube por la estrecha Triq San Pawl hasta **St Paul's Cathedral** (*p. 30*), uno de los edificios eclesiásticos más bellos de Malta. Al otro lado de la plaza se ubica el **Cathedral Museum** (*p. 30*), un compendio de joyas con sorpresas como la colección de grabados y tallas de madera de Durero. Para comer, es muy recomendable que acudas a algunos de los cafés que hay detrás de St Paul's Square.

Tarde

El paseo continúa por **Triq Villegaignon** (*p. 30*), la calle más señorial de Mdina, rodeada de iglesias y palacios con escudos de armas de piedra. Destaca la Casa Testaferrata, a la derecha; el gobernador francés fue arrojado desde el balcón de esta residencia noble en 1798, cuando los malteses se rebelaron contra las tropas francesas. Más adelante se ubica el Palazzo Falson, el palacio medieval mejor preservado de Mdina. Triq Villegaignon desemboca en la Pjazza Tas-Sur (plaza del Bastión), donde puedes admirar una panorámica de todo el centro de Malta. **Fontanella Tea Gardens** (*p. 95*) es ideal para que tomes un pastel con vistas impresionantes.

Y además...

1. Malta Aviation Museum
📍 C4 🏠 Ta' Qali Airfield, entre Mdina y Attard
🕐 9.00–17.00 diario 🌐 malta aviationmuseum.com ↗

Fascinante colección de aviones antiguos, entre ellos un Spitfire y un Hawker Hurricane de la Segunda Guerra Mundial.

2. Limestone Heritage, Siġġiewi
📍 C5 🏠 Triq Mons M Azzopardi
🕐 9.00–16.00 lu–vi, 9.00–11.30 sá
🌐 limestoneheritage.com ↗

Malta es una inmensa cantera de piedra, la materia prima de los antiguos templos y la ciudad de La Valeta, cuya historia se documenta en las proyecciones audiovisuales de esta antigua cantera.

3. Żebbuġ
📍 C5

Su glorioso pasado se intuye por un deteriorado arco triunfal. La iglesia parroquial, obra de Girolamo Cassar, arquitecto de St John's Co-Cathedral, ha corrido mejor suerte; sus torres se alzan sobre la silueta de la localidad.

4. Birkirkara
📍 D4

Birkirkara, uno de los mayores núcleos urbanos malteses desde la Edad Media, alberga un pequeño y pintoresco casco antiguo y una hermosa iglesia barroca famosa por su gran campana.

5. Wignacourt Aqueduct, Attard
📍 C4 🏠 Triq Peter Paul Rubens

Este acueducto de 16 km, fundado en 1610 por el gran maestre Wignacourt, canalizó el agua de Rabat a La Valeta hasta más de dos siglos después.

6. Qormi
📍 D4

La popularidad de Qormi se debe a dos hechos: produce el mejor pan de las islas y posee una de las iglesias barrocas más llamativas, la de San Jorge.

Plato de cerámica, Ta' Qali Crafts Village

7. Fort Madliena
📍 D3 📞 7928 3383 🕐 sá ↗

Este fuerte pentagonal fue uno de los cuatro que se construyeron para defender las Victoria Lines. El Fort Madliena sigue dominando los campos desde su promontorio elevado. Lo mejor son las vistas de los muros hasta una escarpada garganta. Conviene llamar antes para reservar visitas guiadas.

8. Fort Mosta
📍 C3 🕐 lu ↗

Este fuerte, uno de los cuatro construidos por los británicos para proteger las Victoria Lines, es un ejemplo de ingeniería victoriana. Completado en 1879, nunca entró en batalla.

9. Ta' Qali Crafts Village
📍 C4 🏠 Ta' Qali Crafts Village, entre Mdina y Attard 🕐 9.00–16.00 lu–vi, 9.00–12.00 sá

El pueblo, hogar de los mejores artesanos de la isla, es famoso por la cerámica, la cristalería, las filigranas y la joyería artesanas.

10. San Pawl Tat-Tarġa
📍 C3 🏠 Naxxar

Se dice que san Pablo rezó en este lugar, y por eso se construyó la capilla. Hay torres del siglo XVI, un fortín de la Segunda Guerra Mundial y alguno de los misteriosos surcos de carro de Malta.

Restaurantes y cafés

1. The Fork and Cork, Rabat
C4 · 20 Telgha Tas-Saqqajja
Mediodía, do
forkandcork.com.mt · €€€

Con una carta que cambia cada temporada, The Fork and Cork sirve una excepcional cocina maltesa y mediterránea.

2. de Mondion, Mdina
C4 · Xara Palace Hotel
Mediodía, lu y do · demondion.
xaracollection.com · €€€

Ubicado en el bonito Xara Palace (*p. 118*), este restaurante con estrella Michelin ofrece una estupenda comida en un enclave único.

3. Trattoria AD 1530, Mdina
C4 · Xara Palace Hotel
xarapalace.com.mt · €€

Pizza, pasta y ensaladas se sirven en esta *trattoria* ubicada en un bonito patio.

4. The Cliffs
B5 · Triq Panoramika Dingli
ma · thecliffs.com.mt · €

Este restaurante y centro de interpretación se encuentra en lo alto de los acantilados de Dingli. El menú celebra el paisaje natural: productos de temporada y especies autóctonas.

5. Medina, Mdina
C4 · 7 Triq Is-Salib Imqaddes
2145 4004 · do · €€

Los muros de Medina llevan en pie casi un milenio. En verano se puede cenar bajo las parras del patio. La carta fusiona las cocinas francesa, italiana y mediterránea.

6. Fra Giuseppe's, Balzan
D4 · 3 Triq Dun Spir Sammut, Balzan · fragiuseppe.com · €

Situado en una antigua consulta de médico, este bar de vinos ofrece comida tradicional maltesa. En verano hay mesas al aire libre.

> **PRECIOS**
> Una comida de tres platos con media botella de vino (o equivalente), servicio e impuestos incluidos.
> ....
> € menos de 30 € €€ 30-50 € €€€ más de 50 €

7. Caffé Luna, Naxxar
D4 · Palazzo Parisio & Gardens
lu-mi cenas · palazzoparisio.
com · €€€

Este café, que tiene un jardín con terraza, es un popular lugar para tomar algo ligero, o el té de la tarde.

8. Fontanella Tea Gardens, Mdina
C4 · 1 Bastion Street · fontanella teagarden.com.mt · €

Encaramado sobre las murallas, Fontanella ofrece vistas espectaculares. Sus pasteles son famosos en toda Malta.

9. Ta' Marija Restaurant, Mosta
C4 · 67 Constitution Street
tamarija.com · €€

Fundado en 1964, este restaurante familiar ofrece cenas temáticas con música y bailes tradicionales.

10. Giuseppi's Bar & Bistro, Naxxar
D4 · Salini Resort, Salini Bay
do · saliniresort.com · €€€

Un toque moderno a los platos tradicionales. El conejo con salsa de chocolate amargo es una de sus especialidades.

**Terraza de la
Trattoria AD 1530**

SUR DE MALTA

El rincón sur de la isla es rural y tranquilo, con campos de cultivo delimitados por viejos muros de piedra. Cada pueblo tiene una ornamentada iglesia barroca en su centro, que resplandece especialmente con la decoración de las fiestas. La región posee dos de los templos más emblemáticos de la isla, el excepcional yacimiento de la necrópolis del Ħal Saflieni Hypogeum, así como Marsaxlokk, el puerto de pescadores más bonito.

1 Cueva y Museo de Għar Dalam, Birżebbuġa

E6 Triq Għar Dalam
9.00-17.00 ma-do
heritagemalta.mt

Esta excepcional cueva alberga restos óseos de animales extinguidos que poblaron Malta hace 180.000 años, durante la Edad del Hielo. Un museo con dos salas muestra los principales hallazgos paleontológicos.

2 Ħal Saflieni Hypogeum

La joya antigua más sorprendente de Malta es este cementerio subterráneo (p. 36) de 5.000 años excavado en la roca. Aquí se descubrió la famosa escultura de la *Dama durmiente* (p. 36). Si solo se planea ver un monumento prehistórico maltés, este es de obligada visita. Se recomienda reservar.

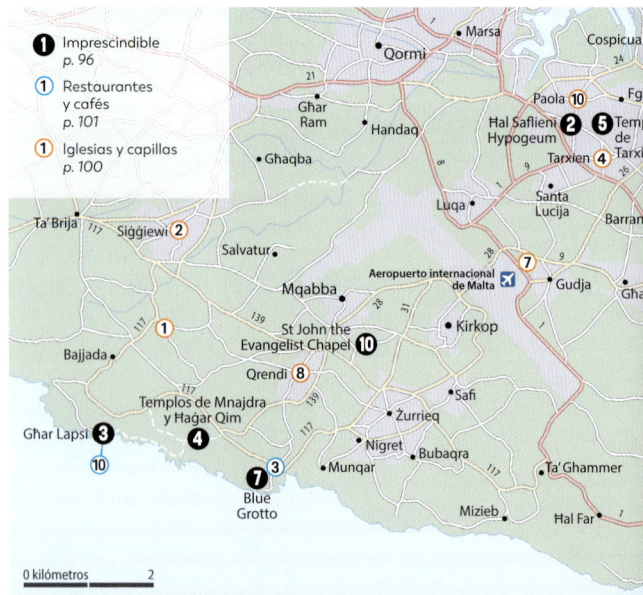

- ● Imprescindible
  p. 96
- ① Restaurantes
  y cafés
  p. 101
- ① Iglesias y capillas
  p. 100

0 kilómetros 2

Para alojamientos en la zona, ver p. 119

Las populares piscinas naturales de Għar Lapsi

3 Għar Lapsi
🅿 C6

Su nombre tiene más encanto que la propia piscina natural formada en el acantilado, ya que las piscinas están cubiertas de algas y rodeadas de edificios. A pesar de ello, los malteses acuden en verano. Lo flanquean unos cuantos restaurantes con vistas a la piscina natural.

4 Templos de Mnajdra y Ħaġar Qim

Estos templos *(p. 28)* se alzan sobre un acantilado con vistas al mar. El paisaje delimitado por muros de caliza se extiende en todas direcciones, y su ubicación realza la belleza de este enclave. Los templos están construidos con piedra caliza, blanda, por lo que la erosión y el tiempo han creado entramados en la piedra. Ħaġar Qim es más grande y complejo, mientras que Mnajdra parece haber sido diseñado como un calendario de piedra.

5 Templos de Tarxien
🅿 E5 🏠 Triq It-Tempji Neolitiċi
🕐 10.00–18.00 diario
🌐 heritagemalta.mt 🔗

Los templos de Tarxien conforman el mayor complejo de templos de Malta. Hay un cementerio de cremación que se utilizaba antes de la Edad del Bronce. Aquí se han hallado numerosos objetos de arte y decoración prehistóricos, parte de una colosal figura humana y relieves en espiral y de animales.

Pieza de la Edad del Bronce, templos de Tarxien

6 Marsaxlokk

Es el puerto pesquero *(p. 34)* más pintoresco de Malta. El muelle está salpicado de *luzzus* (barcas) de colores vivos. Las redes de pesca azul adornan el muelle, con innumerables restaurantes de pescado que rodean la bahía.

7 Blue Grotto, Wied Iż-Żurrieq

Q D6

Se puede acceder a la gruta Azul, llamada así por el color vivo que adquieren sus aguas al sol, por el camino que sigue el acantilado o en un paseo de 30 minutos en barca. Cada 15 minutos, las barcas salen de

---

EL GRAN TIBURÓN BLANCO

En 1987 la localidad de Wied Iż-Żurrieq protagonizó las noticias cuando un pescador capturó un tiburón blanco. Sus habitantes afirmaban que medía 7 m, lo cual lo convertiría en uno de los más grandes encontrados hasta la fecha. Sin embargo, las pruebas fotográficas realizadas por científicos revelaron que medía entre 5 y 5,30 m, era grande, pero no más que otros descubiertos en el Mediterráneo.

Wied Iż-Żurrieq *(9.00-17.00 diario),* una pequeña cala con cafés y tiendas que atienden a los visitantes.

8 Delimara Peninsula

Q F6

Esta lengua de tierra constituye el emplazamiento de una enorme planta eléctrica. A pesar de ello, la península de Delimara es uno de los rincones más bonitos de Malta. Huertas y jardines de flores se mezclan con hermosos campos y fantásticas piscinas naturales. La mejor es la bonita St Peter's Pool, una cala donde el agua es de color azul intenso y la erosión del acantilado de caliza ha creado formaciones curvilíneas.

9 Marsaskala

Q F5

Marsaskala, un pueblo pesquero que todavía conserva su flota, se ha convertido en uno de los mayores complejos turísticos del sur de la isla. A pesar de sus dimensiones, posee un gran encanto, e incluso cuando se llena en julio y agosto ofrece más tranquilidad que los enclaves septentrionales. Durante la *passeggiata* de la tarde, las familias recorren el puerto y observan a los pescadores remendando sus

redes antes de cenar en uno de los populares restaurantes de pescado de la zona. Para bañarse y bucear hay que rodear el cabo hasta la cercana St Thomas's Bay, muy popular entre los malteses.

10 St John the Evangelist Chapel, Ħal Millieri, Żurrieq

D6 W dinlarthelwa.org

Esta capilla de piedra, cerca de la población de Żurrieq, fue construida sobre los restos de un oratorio anterior y consagrada en 1480. Fue la iglesia parroquial de Casal Millieri, un asentamiento anterior al periodo romano que desapareció hace mucho y del que se conservó el oratorio y el pinar que lo rodea. En el interior, la bóveda se divide en cinco cuerpos decorados con frescos donde se representan diversos santos, entre ellos san Jorge y el dragón. Estos frescos permanecieron ocultos bajo la cal durante muchos años, por lo que sus secciones inferiores quedaron dañadas. Es aconsejable reservar la visita con antelación.

El complejo turístico junto al mar de Marsaskala

UN RECORRIDO POR EL SUR DE MALTA

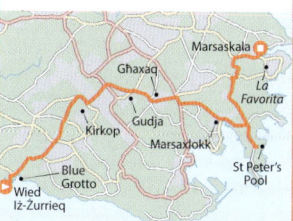

Mañana

Conviene llegar temprano a **Wied Iż-Żurrieq** para evitar las largas colas de entrada a la **Blue Grotto,** que luce en todo su esplendor con los primeros rayos de sol de la mañana, cuando el agua presenta su azul espectacular. Tras la excursión en barco por la cueva continúa en coche hacia **Marsaxlokk;** hay que prestar atención porque está poco indicada (se recomienda ir por la carretera de Kirkop–Gudja–Għaxaq para evitar perderse en el polígono industrial de Ħal Far). Una vez en el pintoresco puerto pesquero de Marsaxlokk, es buena idea dar un paseo por el muelle para ver las *luzzus* que se balancean en la bahía antes de comer al aire libre. Para tomar marisco fresco siéntate en una mesa junto al agua en alguno de los restaurantes que hay a lo largo del puerto.

Tarde

Después de comer puedes ir en coche o a pie a **St Peter's Pool** (p. 35), en Delimara Peninsula; hay pescadores que realizan el trayecto desde Marsaxlokk hasta esta pequeña cala. Tras una pausa tomando el sol y nadando en sus aguas transparentes, continúa el recorrido en coche hasta el tradicional pueblo de pescadores de **Marsaskala,** para llegar justo a tiempo para ver a las familias locales haciendo la *passeggiata* de la tarde por el puerto. Puedes tomar un refresco en uno de los cafés del paseo marítimo. Si necesitas comer dirígete a **La Favorita** (p. 101), que ofrece marisco y un gran ambiente.

Iglesias y capillas

1. Chapel of Our Lady of Providence, cerca de Siġġiewi

📍 C5 🏠 2 km desde Siġġiewi en Għar Lapsi Road

Esta colorida capilla octogonal está cerrada, pero abre para la fiesta de Nuestra Señora de la Providencia en septiembre.

2. St Nicholas, Siġġiewi

📍 C5 🏠 Pjazza San Nicolas 📞 2146 0827

Diseñada por el arquitecto barroco Lorenzo Gafa, la iglesia de San Nicolás domina la Pjazza San Nicholas de Siġġiewi. Vale la pena unirse a la fiesta el último domingo de junio.

3. Chapel of Our Lady of Graces, Żabbar

📍 E5 🏠 Triq Is-Santwarju 📞 2182 4383

Las cúpulas rosadas de esta capilla barroca, también llamada santuario de Ħaż-Żabbar, dominan el casco antiguo. Hay un museo con exvotos de marineros. Su festividad se celebra el primer domingo posterior al 8 de septiembre.

4. Our Lady of the Annunciation, Tarxien

📍 E5 🏠 Triq Il-Kbira 📞 2182 8153

Esta elegante parroquia del siglo XVII se levanta en un laberinto de calles.

Cúpula con frescos de St Nicholas en Siġġiewi

Celebra su festividad el quinto domingo después de Pascua.

5. St Catherine's, Żejtun

📍 E5 🏠 Plaza principal 📞 2169 4563

Dominando el pueblo, esta grandiosa iglesia parroquial del siglo XVII, diseñada por Lorenzo Gafa, celebra su festividad en junio.

6. Old St Gregory's, Żejtun

📍 E5 🏠 Triq San Girgor 📞 2167 7187
🕐 Fines de semana durante las misas

Construida en 1436, la iglesia de San Gregorio es una sencilla estructura rematada por una cúpula y un campanario. Es una de las más antiguas. Celebra su festividad el primer miércoles después de Pascua.

7. Bir Miftuh Chapel, Gudja

📍 E6 🏠 Gudja 📞 2122 0358

Esta iglesia del siglo XV, dedicada a santa María del Pozo (cuya festividad se celebra el 15 de agosto), se ubica muy cerca de las pistas del aeropuerto internacional de Malta. En su interior alberga un altar del siglo XVI donde se representa a Dios rodeado de ángeles.

8. St Mary, Qrendi

📍 D6 🏠 Triq Il-Knisja 📞 2164 9395

Lorenzo Gafa transformó un edificio antiguo en esta hermosa iglesia parroquial barroca del bonito pueblo de Qrendi. Es legendaria la rivalidad existente entre esta iglesia y la de la vecina Mqabba. Celebra su fiesta el 15 de agosto.

9. St George's Chapel, Birżebbuġa

📍 E6 🏠 St George's Bay, Borġ In-Nadur

Construida por los caballeros en 1683, es la única iglesia fortificada de la costa.

10. Christ the King, Paola

📍 E5 🏠 Pjazza de Paule 📞 2169 5022

La moderna iglesia de Cristo Rey, de Giuseppe D'Amato, está situada frente al trazado urbano de Paola. D' Amato también diseñó la Xewkija Rotunda (p. 103), en Gozo.

Restaurantes y cafés

1. Kyle's Kitchen, Marsaskala

F5 Triq Għar ix-Xama
2163 2540 lu · €€

Especializado en cocina mediterránea,
este agradable restaurante lleva más de
25 años sirviendo excelente pescado.

2. Ir-Rizzu, Marsaxlokk

F5 52 Xatt is-Sajjieda
2165 1569 · €€

La especialidad de este restaurante, con
vistas al puerto, es el pescado fresco. Se
recomienda reservar para la comida del
domingo después del mercado de
pescado del muelle.

3. Coast at Cassarini, Żurrieq

D6 Triq is-Sajjieda mi
coast.com.mt · €€

A un corto paseo en coche de los templos,
este restaurante tradicional es perfecto
para relajarse antes o después de visitar
Ħaġar Qim.

4. La Favorita, Marsaskala

F5 Triq Il-Gardiel 2163
4113 lu · €€

Restaurante recomendado por sus
especialidades marineras y ambiente
distendido. Se encuentra cerca de
St Thomas's Bay. Conviene reservar los
fines de semana.

5. La Reggia, Marsaxlokk

E5 110 Xatt is-Sajjieda
9985 5305 lu, do cenas · €€

En el pintoresco entorno del puerto, es
una buena elección para comer después
de visitar el mercado de pescado de los
domingos por la mañana. Su especialidad
son los platos de pescado y marisco, así
como la cocina mediterránea moderna.

***Magret** de pato al
horno en Tal-Familja*

6. Bongo Nyah, Marsaskala

F5 3 Triq Il-Gardiel 9985
5057 lu, ma-sá mediodía · €

Este lugar tiene un ambiente tranquilo
y relajado y sirve comida reconfortante,
ensaladas y batidos saludables.

7. Tal-Familja, Marsaskala

F5 Triq Il-Gardiel lu
talfamiljarestaurant.com · €€

Este amplio restaurante con
decoración rústica destaca por el
pescado local y la cocina maltesa.
No se aceptan tarjetas de crédito.

8. Nargile Lounge, Marsaskala

F5 Triq Il-Gardiel ma
nargilelounge.com · €€

Una auténtica *shisha* de estilo árabe.
Cocina india, árabe y mediterránea, tés
especiales y un narguile con sabor a frutas.

9. Opera Caffe Lounge, Marsaxlokk

F5 74 Xatt is-Sajjieda
7930 4873 Mediodía · €€

Magníficas vistas del puerto y de los
barcos de pesca mientras se cena
pescado. También es un buen lugar
para tomar un café.

10. Carmen's Bar, Għar Lapsi

C6 Limits of Siġġiewi ma
carmensgharlapsi.com · €€

Con un ambiente relajado y
maravillosas vistas es posible comer
pescado fresco o disfrutar de una copa.

GOZO Y COMINO

Gozo es más pequeña, verde y tranquila que Malta. En el centro se encuentra Victoria (también llamada Rabat), la capital de la isla. Cerca, los templos de Ġgantija se encuentran entre los edificios de piedra más antiguos del mundo. La costa gozitana es espectacular, especialmente la de Dwejra, y toda la isla es un paraíso para senderistas. Entre Malta y Gozo se encuentra la aún más pequeña Comino. Salvaje y casi despoblada, la isla es visitada a diario por grupos de turistas que acuden a la maravillosa Blue Lagoon.

1 Blue Lagoon, Comino
📍 A1

El principal reclamo de Comino es la laguna Azul, destino de numerosas excursiones en barco. Quienes se alojen en la isla pueden disfrutarla sin grandes grupos de visitantes.

2 Ciudadela, Victoria
Esta ciudad amurallada, en el centro de Gozo, se levanta en un promontorio rocoso desde el que se domina casi toda la isla. La existencia de una ciudadela se remonta a tiempos romanos *(p. 38)*, cuando los fenicios construyeron una muralla para proteger a la población de los saqueadores. La estructura actual fue construida en el siglo XVII. Los gozitanos denominan a su capital Rabat, a pesar de que fue rebautizada como Victoria para celebrar el jubileo de la reina británica en 1897.

Para alojamientos en la zona, ver p. 119

Los prehistóricos templos de Ġgantija en Xagħra

3 Templos de Ġgantija, Xagħra

📍 E1 🏛 Triq Parisot
🕐 Jun-oct: 10.00-18.00 diario; nov-may: 9.00-16.30 diario
📅 1 ene; Viernes Santo; 24, 25 y 31 dic
🌐 heritagemalta.mt 🔗

Las piedras de Ġgantija se levantan desde hace más de cinco milenios y medio –un milenio más que las pirámides de Egipto–. Sus muros alcanzan los 7 m de altura.

4 Dwejra

Los acantilados, las ensenadas, las cuevas y las formaciones rocosas de Dwejra la convierten en un escenario fotográfico muy popular. Casi todos los visitantes van a Dwejra Point *(p. 40)*, pero el acantilado ofrece más vistas.

5 Santa Marija Bay, Comino

📍 A1

La isla de Comino alberga dos bahías, pero esta, a diferencia de la otra, es pública. En temporada baja hay muchas posibilidades de que esté desierta.

6 Xewkija Rotunda

📍 E2 🏛 St John the Baptist Square 📞 2155 6793 🕐 Durante las misas, diario

Al igual que la Mosta Dome domina gran parte de la isla de Malta, la iglesia de Xewkija es visible desde casi cualquier punto de Gozo. Los gozitanos dicen que es la tercera cúpula más grande de Europa, si bien los habitantes de Mosta aún afirman que la suya es mayor. El arquitecto D'Amato se inspiró en la basílica veneciana de Santa Maria de la Salute para construir esta iglesia con caliza de la zona. Las obras comenzaron en 1951 y se concluyeron 20 años más tarde.

7 Ta' Ćenć Cliffs
📍 E2

Este tramo de acantilados salvajes, que se sumergen en el mar, es una de las vistas más hermosas de Gozo. Hay que ir al atardecer, cuando las rocas se tiñen de rosa con el sol poniente. Durante siglos, los cazadores de aves trepaban por estos acantilados con cuerdas. A pesar de que hoy se prohíbe su captura, en otros tiempo era habitual, lo cual ha provocado una considerable merma en la población de aves en la zona. No obstante, en los acantilados de Ta' Ćenć habitan numerosas especies.

8 Cueva de Calipso, Ramla Bay
📍 E1 🚶 Seguir la señalización desde Xaghra 🕐 9.00-anochecer diario

Al parecer, en esta cueva excavada en la roca por encima de Ramla Bay,

Escarpados acantilados fundiéndose con el mar en Ta' Ćenć

la ninfa Calipso, perdidamente enamorada, sedujo a Ulises en la épica obra de Homero *La Odisea*. Se puede acceder a través de una corta y empinada cuesta desde la playa, pero la cueva ha colapsado y está cerrada. Se puede pasear hasta el mirador para disfrutar del espectacular paisaje. Al contemplar el mar de color cobalto es fácil imaginarse a Odiseo dejando de mala gana la isla y su ninfa. También se pueden ver las ruinas de una fortificación del siglo XVIII construida por los caballeros de Malta para defenderse de los invasores.

LOS ALPES AZULES

Tras el colapso de la emblemática Azure Window de Dwejra en 2017, los buceadores descubrieron que el arco sumergido había creado una topografía irregular semejante a una cadena montañosa. Investigadores realizan estudios de la zona basándose en estos restos, cuyo pico más alto alcanza los 12 m sobre el lecho marino. Actualmente es un popular destino de buceo.

---

9 Ramla Bay
📍 E1

Ramla Bay alberga una de las mejores playas de Gozo, de arena dorada y aguas cristalinas, protegida por suaves colinas y balates. Fuera de temporada parece el paraíso, pero durante el verano puede saturarse. Cerca están las ruinas de una villa romana construida en este idílico lugar hace casi 2.000 años.

UN RECORRIDO POR GOZO

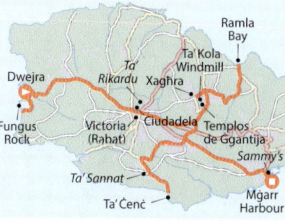

Mañana

Conviene empezar temprano para llegar a los acantilados de **Dwejra** (p. 103) antes que los grandes grupos de turistas. Desde Inland Sea se va en barco hasta Dwejra Point. Merece la pena el paseo por los senderos de los acantilados y disfrutar de vistas espectaculares a **Fungus Rock** (p. 49) y a la escarpada costa. Después continúa hasta **Victoria** para explorar la imponente **Ciudadela** (p. 38) amurallada. No te pierdas la ornamentada catedral barroca. Puedes comer algo ligero como un pan recién hecho y queso local en **Ta' Rikardu** (p. 107).

Tarde

Después de la comida dirígete a **Xagħra** para ver los antiguos **templos de Ġgantija** (p. 102), un hermoso emplazamiento con vistas a una extensa y verde llanura. Con la misma entrada puedes acceder al **Ta' Kola Windmill** (p. 106), un molino a las afueras. Si deseas tomar algo, en la plaza del pueblo hay cafés. Si dispones de tiempo, conviene acercarse hasta **Ramla Bay,** la mejor playa de Gozo, para darse un chapuzón. Después vuelve al otro lado de la isla en dirección a **Ta' Sannat** siguiendo las indicaciones hasta **Ta' Ċenċ,** unos magníficos acantilados donde puedes pasar una hora agradable paseando mientras se pone el sol. Termina el día cenando pescado fresco en **Sammy's** (p. 107), junto a la orilla de **Mġarr Harbour** (p. 106), y toma una copa en el cercano Gieneagles Bar (10 Triq Il-Vittorja), con una terraza con vistas al puerto.

10 Ta' Pinu Basilica, Għarb

📍 D1 🚏 Triq Ta' Pinu
📞 2155 6045 🕐 7.00–19.00 lu–sá, 6.00–12.00 y 13.30–19.00 do

La basílica de Ta' Pinu constituye el principal lugar de peregrinación de Gozo. A Nuestra Señora de Ta' Pinu se le atribuyen poderes curativos milagrosos, lo que atestiguan los numerosos exvotos. La gran iglesia moderna (terminada en 1931) conserva una sección de la capilla original de 1883, donde al parecer una mujer de la localidad escuchó la voz de Nuestra Señora (p. 51). También tiene un museo.

La neorrománica Ta' Pinu Basilica en Għarb

Y además...

Carruaje tradicional en el Folklore Museum, Għarb

1. Ta' Dbieġi Crafts Village, Għarb
📍 D1 🏠 Triq Franġish Portelli
🕐 10.30-16.00 lu-sá

El pueblo artesano de Gozo es perfecto para comprar recuerdos. Se puede asistir a demostraciones de oficios artesanales, y aquí se encuentran jerséis y colchas de lana típicos.

2. Marsalforn
📍 E1

Este pueblo de pescadores, con una playa de arena y restaurantes en el paseo marítimo, es el principal centro vacacional de Gozo.

3. Salinas, Reqqa Point
📍 D1 🏠 Entre Xwieni Bay y Reqqa Point

Los centenares de salinas que surcan la roca caliza cerca de Marsalforn forman un paisaje de belleza natural.

4. Ta' Kola Windmill, Xagħra
📍 E1 🏠 Triq Maija Bambina
🕐 10.00-18.00 diario 🌐 heritagemalta.mt 🅿️

Erigido en 1725, es el único molino que se conserva de los 12 que construyeron los caballeros de la Orden de San Juan.

En este museo hay todo tipo de objetos de la artesanía tradicional maltesa.

5. Mġarr Harbour, Mġarr
📍 F2

El aliciente de este pueblo, custodiado por una fortaleza y guarecido por acantilados, continúa siendo el antiguo muelle, salpicado de *luzzus* y redes de pesca de colores.

6. Folklore Museum, Għarb
📍 D1 🏠 Triq Frenċ ta' l-Għarb
📞 2156 1929 🕐 9.00-16.00 lu-sá, 9.00-13.00 do 🅿️

Este museo, situado en uno de los pueblos más bonitos de Gozo, expone herramientas, trajes, pinturas y curiosidades de la vida rural en Gozo.

7. Xlendi Bay
📍 D2

Forma una suave curva con zonas de rocas planas desde las que acceder al agua para nadar y bucear. Ofrece un ambiente tranquilo y relajado, y varios restaurantes excelentes.

8. San Blas Bay
📍 F1

El acceso a esta bahía con un tramo de arena ocre resulta difícil (hay que bajar un empinado sendero), pero merece la pena.

9. Comino Tower (torre de Santa María), Comino
📍 A1

A Comino no se la dotó de las fortificaciones para la defensa ante los piratas hasta 1618. Esta torre, que aún protege por el suroeste, ha sido restaurada.

10. St George's Basilica, Victoria
📍 D2 🏠 Pjazza San Ġorġ 🕐 Durante las misas, diario 🌐 stgeorge.org.mt

Conocida como Golden Church (iglesia Dorada) por su interior, este edificio barroco fue diseñado por Vittorio Cassar y completado en 1673.

Restaurantes y cafés

1. Ic-Cima, Xlendi

D2 🏠 San Xmun 🕐 lu y ma
🌐 cimarestaurant.com · €€
Tiene una terraza que se asoma
a la bahía para tomar una copa al
atardecer, seguida de un plato
de comida maltesa o italiana.

2. Il-Kċina Tal-Barrakka (Sammy's), Mġarr Harbour

F2 🏠 28 Triq de Vilhena 📞 7959
2952 🕐 ju-ma mediodía, do cenas
· €€
Este local es uno de los mejores para
comer pescado fresco. Sus propietarios
son los del Gleneagles Bar. Conviene
reservar con antelación.

3. Ta' Karolina, Xlendi

D2 🏠 Triq L-Għar ta Karolina
📞 2155 9675 · €€
Es un restaurante familiar, junto a la
orilla de Xlendi Bay, que sirve comida
mediterránea, con pescado fresco o
carne como plato principal, y *pizza* y
helados.

4. Osteria Scottadito, Nadur

E2 🏠 20 Triq Madre Gemma
Camilleri 📞 7733 0009 🕐 lu · €€€
Este acogedor local ofrece un menú de
especialidades italianas tradicionales
que cambian con cada estación.
Es muy recomendable reservar.

5. Zeppi's Pub, Qala

F2 🏠 St Joseph Square
📞 7748 0067 · €
Una taberna de pueblo que ofrece
comida ligera, ensaladas, tortillas
y *croque-monsieur*. Por la noche hay
música y zona de baile.

6. Ta' Frenc, Xagħra

E1 🏠 Triq Għajn Damma
📞 2155 3888 🕐 ma · €€€
Este restaurante, situado en una
antigua hacienda remodelada, sirve
excelentes platos mediterráneos y
malteses. Tiene menú del día.

7. Ta' Rikardu, Victoria

D2 🏠 4 Triq Il-Fosos
📞 2155 5953 🕐 ma · €
Este local, al lado de la catedral de la
Ciudadela, sirve un delicioso pan local,
queso y vino de la tierra.

8. D'Bar Café and Restaurant, Qala

F2 🏠 St Joseph Square 📞 2155
6242 🕐 lu, má-sá mediodía · €
Sabrosa cocina maltesa y siciliana a
precios razonables.

9. Café Jubilee, Victoria

D2 🏠 Pjazza I-Indipendenza
🌐 cafejubilee.com · €€
Esta cafetería estilo bistró en el centro
de Gozo es perfecta para picar algo
entre compras y visitas turísticas.

10. Ta' Philip, Għajnsielem

F2 🏠 Triq Sant' Antnin 🕐 lu
🌐 taphiliprestaurant.com · €€
Negocio familiar con vinatería, especializado en cocina tradicional de Gozo,
donde los principales platos se cuecen
a fuego lento en un horno de leña.

**Disfrutando de una
comida en Ta' Rikardu**

DATOS ÚTILES

Barcas de pesca en el puerto de Marsaxlokk

CÓMO LLEGAR Y MOVERSE

Ya sea a pie por La Valeta o en transporte público para visitar las islas, aquí está toda la información necesaria para recorrer Malta y Gozo como un maltés.

DE UN VISTAZO

PRECIO DEL TRANSPORTE PÚBLICO

AUTOBÚS

2,50 €

Billete sencillo

AUTOBÚS

25 €

Abono de 7 días

FERRI

4,65 €

Billete sencillo a Gozo

LÍMITES DE VELOCIDAD

CARRETERAS ABIERTAS

80 km/h

ZONAS URBANAS

50 km/h

Llegada en avión

Hay numerosas compañías que vuelan al **aeropuerto internacional de Malta** en Luqa, a unos 8 km de La Valeta. La línea aérea nacional **KM Malta Airlines** tiene conexiones con más de 17 destinos de Europa. Desde España, compañías como Vueling y Ryanair operan vuelos directos a Malta.

KM Malta Airlines
W kmmaltairlines.com
Aeropuerto internacional de Malta
W maltairport.com

Llegada en barco

Hay un ferri desde Sicilia hasta el frente marítimo de La Valeta en el Grand Harbour. En un catamarán rápido de **Virtu Ferries** se tardan 90 minutos. En La Valeta hacen escala numerosos cruceros que navegan por el Mediterráneo, que también atracan en el edificio de la terminal del Grand Harbour.

Virtu Ferries
W virtuferries.com

Autobuses

Malta tiene una red extensa, efectiva y barata de rutas de autobuses operada por **Malta Public Transport,** que llega hasta casi cualquier punto de la isla. Gozo también tiene autobuses gestionados por la misma empresa, aunque son menos frecuentes.

Los billetes se pueden comprar a bordo al conductor, o bien se puede obtener una tarjeta de viaje Explore Flex que también se puede recargar.

La principal terminal de autobuses de Malta es la City Gate Bus Station, justo en el exterior de los muros de La Valeta. También hay rutas rápidas entre el aeropuerto y otros destinos. La Victoria Bus Station es la principal terminal de autobuses de Gozo.

Hay autobuses turísticos en los que se puede subir y bajar en cualquier momento, que circulan por Malta y Gozo, y hacen parada en los principales lugares de interés. Los de **Malta Sightseeing** además cuentan con un servicio que recoge y deja a los visitantes en el hotel.

Malta Public Transport
W publictransport.com.mt
Malta Sightseeing
W hellomaltatours.com

Barcos y ferris

El ferri de Gozo (gestionado por **Gozo Channel Company**) lleva personas y vehículos entre Ċirkewwa (Malta) y Mġarr Harbour (Gozo). Tarda media hora, es barato y navega día y noche. También hay ferris a Comino desde Ċirkewwa y Mġarr.

Hay ferris de pasajeros que salen desde los dos puertos que flanquean La Valeta, a Sliema y las Tres Ciudades.

Una de las mejores maneras para conocer las islas de Malta es en barco. Compañías como **Sea Adventure Excursions** y **Hornblower Cruises** ofrecen estos viajes. La mayoría comienzan en Sliema y Mġarr (Gozo), aunque algunos salen de Mellieħa.

Otra alternativa es el ferri diario solo de pasajeros **Gozo Highspeed**, que comunica el Grand Harbour (Malta) y Mġarr Habour (Gozo) en 45 minutos.

Gozo Channel Company
W gozochannel.com
Gozo Highspeed
W gozohighspeed.com
Hornblower Cruises
W hornblowerboat.com
Sea Adventure Excursions
W seaadventureexcursions.com

En coche

El coche es de gran ayuda para salir de las rutas más frecuentadas y es fácil alquilar uno. La mayoría de las agencias tienen oficina en el aeropuerto, pero también hay compañías locales. En Malta se conduce por la izquierda y las normas son similares; sin embargo, no siempre se cumplen.

Taxis

Los **taxis oficiales de Malta** son blancos y tienen tarifas fijas desde el aeropuerto a los principales destinos. Para otros trayectos son prácticos los taxis privados, y hay empresas con licencia que proporcionan coches con conductor para viajes cortos o días completos.

Taxis oficiales de Malta
W maltataxi.mt

En bicicleta

Dado lo imprevisible del tráfico, desplazarse en bicicleta en carreteras importantes y zonas urbanas ajetreadas puede suponer un riesgo. Sin embargo, hay muchas rutas más tranquilas por las islas, sobre todo en Gozo.

EcoBikesMalta, con base en St Paul's Bay, es una buena empresa de alquiler de bicicletas.

EcoBikes Malta
W ecobikesmalta.com

A pie

La mejor manera para desplazarse por las ciudades de Malta es a pie. Gran parte de La Valeta y las Tres Ciudades son peatonales, y la mayoría de los pueblos son lo bastante pequeños como para explorarlos cómodamente caminando.

Hay muchos otros lugares para caminar. Entre las zonas particularmente pintorescas destacan Dingli Cliffs y Golden Bay, en la costa occidental de Malta. Gozo también tiene muchas rutas para realizar excursiones a pie, entre ellas una senda circular en torno a Comino.

TRANSPORTE AL AEROPUERTO

Aeropuerto	Transporte	Tiempo de trayecto	Precio
Aeropuerto internacional de Malta	Autobús	27 min	2,50 €
	Lanzadera	20 min	Desde 4 €
	Taxi	15 min	17 €

INFORMACIÓN PRÁCTICA

Conocer la información local ayuda a moverse con facilidad por Malta y Gozo. Aquí están todos los consejos e información esencial que pueden resultar necesarios durante la estancia.

DE UN VISTAZO

MONEDA
Euro (EUR)

GASTO MEDIO DIARIO

BAJO	MEDIO	ALTO
60 €	120 €	200 €

AGUA MINERAL	CAFÉ	CERVEZA	CENA PARA DOS
0,70 €	2,20 €	3 €	60 €

CLIMA

 La temporada con días más largos es may-jul (14 h de media); en nov-ene los días son más cortos (10 h de media).

 La temperatura media es de 32 °C en verano; en invierno cae hasta los 9 °C.

 Malta tiene un índice de lluvias relativamente bajo; nov y dic son los más lluviosos.

ENCHUFES
Las tomas de corriente son de tipo G, con tres clavijas. La corriente es de 230 v, 50 Hz.

Documentación
Los españoles y otros ciudadanos de la Unión Europea pueden viajar a Malta y Gozo presentando su DNI o su pasaporte. Para estancias que no superen los tres meses no se necesita visado. Se puede ampliar la información en la web **Identity Malta** y a través de la **Embajada de Malta en España.**
Embajada de Malta en España
w missionsforeign.gov.mt/en/Embassies/ME_Madrid/Pages/Me_Madrid.aspx
Identity Malta
w identitymalta.com

Consejos oficiales
Es importante tener en cuenta los consejos oficiales antes de viajar. Se pueden consultar las recomendaciones sobre seguridad, sanidad y otras cuestiones importantes tanto en la web del **Ministerio de Asuntos Exteriores de España** como en la del **Ministerio de Asuntos Exteriores de Malta.**
Ministerio de Asuntos Exteriores de España
w exteriores.gob.es
Ministerio de Asuntos Exteriores de Malta
w foreign.gov.mt

Información de aduanas
La página web **Malta Customs** ofrece información relativa a la legislación sobre bienes y divisas que se pueden introducir o sacar de Malta.
Malta Customs
w customs.gov.mt

Seguros de viaje
Es recomendable contratar un seguro completo que cubra robos, pérdida de pertenencias, problemas médicos, cancelaciones y retrasos, y leerse la letra pequeña.

Los ciudadanos de la UE tienen derecho a atención sanitaria urgente de modo gratuito en Malta si presentan la **Tarjeta Sanitaria Europea (TSE).**
Tarjeta Sanitaria Europea (TSE)
🆆 seg-social.es

Dinero

Hay bancos en las ciudades más grandes y cajeros automáticos en algunos lugares más pequeños. Los bancos normalmente abren de 8.30 a 13.30 de lunes a jueves, de 8.30 a 15.30 los viernes y de 8.30 a 12.30 los sábados.

La mayoría de los restaurantes y hoteles aceptan tarjetas de crédito, pero pueden no hacerlo en las casas de huéspedes y en cafeterías de la playa. En casi todas partes aceptan pagos con tarjetas *contactless*, incluido el transporte público.

En los restaurantes, lo habitual es dejar una propina de entre el 5 % y el 10 % de la cuenta, a menos que se haya incluido ya un precio por el servicio. En los taxis es habitual redondear el precio al euro siguiente.

Viajeros con necesidades específicas

Malta está mejorando las infraestructuras para personas con necesidades específicas. Hay hoteles que tienen habitaciones accesibles. Los museos y otros lugares turísticos hacen lo que pueden, pero suele ser difícil acceder a edificios del siglo XVI. La mayoría de los autobuses tienen puertas bajas para facilitar el acceso, así como sistemas audiovisuales para ayudar a los pasajeros con deficiencias visuales y auditivas. El ferri de Gozo es accesible para usuarios de sillas de ruedas. Mellieħa Bay, con pasarelas y varias sillas anfibias, es la playa más accesible de Malta.

La web de la **Commission for the Rights of Persons with Disability (CRPD)** tiene detalles de contacto e información para viajeros con necesidades específicas. **Wheelchair Friendly Car Hire (WFCH)** está especializada en alquilar coches accesibles en Malta.
CRPD
🆆 crpd.org.mt
WFCH
📞 9949 3963

Idioma

Los idiomas oficiales son el maltés y el inglés, y casi todos los malteses hablan los dos. El maltés está muy relacionado con el árabe, pero usa mucho vocabulario europeo, especialmente italiano, así como el alfabeto latino con algunas marcas *(p. 124)*. Las señales a menudo son bilingües, y ocasionalmente solo en alguno de los dos idiomas.

Horarios

Las tiendas suelen abrir entre 9.00 y 12.00 y de 16.00 a 19.00 los días laborables. Algunas cierran una tarde a la semana, muchas están cerradas los sábados por la tarde y la mayoría cierra todo el día el domingo. Los grandes almacenes no suelen cerrar a mediodía y en los grandes centros comerciales algunas tiendas abren hasta tarde. En las zonas turísticas, sobre todo en verano, muchos comercios abren todo el día, incluido el fin de semana.

Los horarios de bares y *pubs* varían, pero la mayoría abren de 12.00 a 24.00. Las discotecas suelen abrir de 21.00 a 4.00, aunque las horas varían de un lugar a otro.

La pandemia de **COVID-19** demostró que todo puede cambiar repentinamente. Antes de visitar museos, monumentos u otros lugares de interés consulte los horarios actualizados y las formalidades de reserva.

Seguridad personal

Aunque Malta tenga una baja tasa de criminalidad, es sensato tomar las mismas precauciones que en cualquier otro lugar de Europa.

El número de emergencia se usa para contactar con la policía, los bomberos o ambulancias. Para informar de un accidente de tráfico, hay que llamar a la **policía de tráfico** local. Llevan uniforme verde y son los responsables de la seguridad vial.

Para dar parte de un delito, se debe contactar con la policía local. Cada ciudad o pueblo tiene una comisaría, con una luz azul en la fachada. La policía de Malta usa un uniforme azul. Las oficinas centrales de la policía se encuentran en Floriana (Malta) y Victoria (o Rabat, Gozo).

Algunas playas tienen banderas para indicar si es seguro nadar. Cuando hay mal tiempo, y después, surgen corrientes peligrosas. Ocasionalmente también aparecen medusas. La más abundante en Malta no es peligrosa, pero sus picaduras duelen. Si hay banderas que indiquen que hay medusas, o lo comentan los malteses, lo mejor es irse a otra playa.

Cazar pájaros era una actividad popular en Malta, y la población de aves se vio muy afectada. Ahora es ilegal cazar cualquier tipo de ave, y hay leyes muy estrictas al respecto. Sin embargo, en zonas rurales a veces se saltan esta prohibición y se oyen disparos. Los turistas no corren ningún riesgo, pero es aconsejable hacerse visible cuando se oigan disparos. Más información en **BirdLife Malta.**

Por lo general, los malteses aceptan a toda clase de personas, con independencia de su raza, género u orientación sexual. La homosexualidad fue despenalizada en 1973 y los matrimonios entre personas del mismo sexo se legalizaron en el año 2017. En caso de sentirse inseguro, **Safe Space Alliance** indica dónde está el lugar de refugio más próximo.

BirdLife Malta
🌐 birdlifemalta.org
Policía de tráfico
📞 2132 0202
Safe Space Alliance
🌐 safespacealliance.com

Salud

En Malta no es obligatorio vacunarse y la sanidad es buena y económica. Para obtener información sobre los requisitos de vacunación frente a la COVID-19, hay que consultar los consejos oficiales.

NÚMEROS DE EMERGENCIA

URGENCIAS
EN GENERAL

112

ZONA HORARIA

Malta sigue el horario de Europa central (CET) y aplica el horario de verano.

AGUA DEL GRIFO

La calidad del agua varía; evite beberla a menos que esté filtrada.

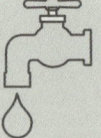

PÁGINAS WEB Y APPS

Visit Malta
Página oficial de turismo de Malta (*visitmalta.com*).

WhichBeach
Web y app con información actualizada sobre las condiciones de las playas de Malta y Gozo: agua, presencia de medusas, si es arenosa o de piedras. (*whichbeach.com.mt*).

Tallinja App
App oficial del transporte público en Malta, con información sobre líneas, horarios y rutas en tiempo real.

Los problemas de salud más comunes se deben al exceso de sol: conviene beber mucha agua, usar protector solar y cubrirse. Las gafas de sol son esenciales.

El agua de grifo es segura, pero no tiene muy bien sabor por el alto contenido en sal y minerales. Es aconsejable beber solo agua filtrada o embotellada.

Hay clínicas estatales (aparecen en la página web **Government Health**), gratuitas con la Tarjeta Sanitaria Europea (TSE), y médicos locales privados (que no cubre la TSE). Suele haber médicos privados relacionados con farmacias que no son tan caros como en otros países. La mayoría de los hoteles tiene algún médico (normalmente privado y no cubierto por la TSE). Los hospitales estatales pueden tratar accidentes menores sin tener que esperar demasiado.

Las farmacias, con una cruz verde, son muy habituales en todo el país, y en la web de Government Health hay una lista de las que abren los domingos.

El principal hospital de Malta es el **Mater Dei Hospital** de Msida, y en la capital de Gozo, Victoria (Rabat), se encuentra el **Gozo General Hospital.**

Government Health

w health.gov.mt

Gozo General Hospital

w gozogeneralhospital.gov.mt/en/

Mater Dei Hospital

w materdeihospital.gov.mt/en/

Tabaco, alcohol y drogas

Está prohibido fumar en el interior de lugares públicos, incluidos bares, cafés, restaurantes y transporte público. No obstante, se permite en salas de fumadores establecidas a tal efecto.

La edad legal de consumo de alcohol es de 17 años. Es aconsejable llevar documento de identidad o pasaporte si se va a ir a un bar o discoteca para demostrar la edad. En 2021 Malta se convirtió en el primer país de la UE en legalizar el cánnabis. Los adultos pueden llevar hasta 7 g de cánnabis para consumo personal, pero fumarlo en público (o delante de niños) sigue

siendo ilegal. Las penas por posesión, consumo o tráfico de drogas ilegales son rigurosas. Se puede llegar a sufrir pena de cárcel y multas.

Carné de identidad

No se exige a los turistas que vayan identificados, pero en un posible control rutinario quizá pidan que se muestre el pasaporte. En caso de no llevarlo, la policía tal vez pida volver para presentarlo en un plazo de 24 horas.

Costumbres

Al visitar lugares de culto, hay que vestir con respeto: cubrirse el torso y los hombros y, en caso de llevar sombrero, descubrirse antes de entrar.

Teléfonos móviles y wifi

El prefijo de Malta es +356, y para hacer llamadas internacionales desde este país hay que marcar 00. Los turistas con tarifa telefónica de la UE pueden utilizar sus aparatos sin verse afectados por las tarifas de *roaming*. Los de los demás países deben revisar su contrato antes de viajar para evitar costes inesperados.

La red wifi está muy extendida y hay puntos de conexión en la calle, como en la plaza principal de La Valeta.

Correos

El Servicio Postal Maltés es muy fiable. En las grandes ciudades hay oficinas de correos y su horario es de 7.30 a 12.45 de lunes a sábados. Las oficinas principales, como la de La Valeta, en Malta, y Victoria (Rabat) en Gozo, abren hasta las 16.30. También abren los sábados por la mañana.

Impuestos y devoluciones

En Malta, el IVA es del 18 %. Los no residentes en la UE tienen derecho a que se les devuelva el impuesto bajo determinadas condiciones. Para ello se deben solicitar el recibo del impuesto y un formulario en el momento de la compra de los artículos. Al salir del país, se presentan en las aduanas esos documentos junto con el recibo y el documento de identidad para recibir la devolución.

DÓNDE ALOJARSE

Malta y Gozo ofrecen gran variedad de alojamientos, desde encantadoras pensiones *boutique* hasta complejos turísticos con todo incluido. La Valeta o Mdina atraen por su entorno histórico, Sliema y St Julian's por sus opciones de ocio y Gozo por su tranquilidad.

La primavera y el verano son, con diferencia, las estaciones con mayor número de visitantes (y más caras), pero gracias al clima templado de las islas, el otoño y el invierno garantizan una mejor relación calidad-precio.

PRECIOS

Por habitación doble (con desayuno, si está incluido), impuestos y otros cargos.

€ menos de 120 €
€€ 120-240 €
€€€ más de 240 €

LA VALETA

Iniala Harbour House

J3 🏠 10 St Barbara Bastion, Il-Belt Valletta 🌐 inialamalta.com · €€€

Ocupando varias casas adosadas en lo alto de St. Barbara Bastion, este hotel ofrece la elegancia del Viejo Mundo. Sus habitaciones amplias, con vistas al Grand Harbour, mezclan arquitectura de época y aire urbano. Los comidistas disfrutarán el ION by Simon Rogan, único restaurante de Malta con dos estrellas Michelin.

Rosselli AX Privilege

J2 🏠 167 Merchants St, La Valeta 🌐 rossellimalta. com · €€€

Este lujoso hotel con encanto ocupa un *palazzo* restaurado de Merchants Street. El Rosselli AX Privilege ofrece habitaciones elegantes y buenas instalaciones en un espacio reducido, incluidos piscina abierta, patio y dos restaurantes del chef maltés Victor Borg.

Domus Zamittello

H3 🏠 7 Republic St, La Valeta 🌐 domus zamittello.com · €€€

Esta joya familiar, situada en Republic Street, goza del emplazamiento más céntrico de La Valeta. Perfecto como base para visitar los principales lugares de interés de la ciudad, este elegante palacio del siglo XVI ofrece unas lujosas habitaciones que combinan elegancia clásica con las más modernas y cómodas instalaciones.

Casa Rocca Piccola

J2 🏠 53 St Dominic St, La Valeta 🌐 casarocca-piccolabandb.com · €€

Cassa Rocca Piccola es un sueño hecho realidad para los que busquen un retiro en La Valeta que rezume esplendor barroco. Este encantador *palazzo* del siglo XVI es como un museo privado, con cinco habitaciones de diferente decoración que revelan la herencia de la capital. La visita del palacio está incluida para los huéspedes.

SU29

J3 🏠 29, St Ursula Steps, Il-Belt Valletta 🌐 su29hotel.com · €€

El diseño se une al minimalismo en este espectacular hotel. Sus ocho habitaciones varían de lo tradicional a lo rompedor, como la Fitness Suite, que incluye un saco de boxeo dorado. Las paredes están tapizadas con textiles de la pareja de moda Charles & Ron.

Grand Hotel Excelsior

G2 🏠 Great Siege Rd, Floriana 🌐 excelsior.com. mt · €€€

El Grand Hotel Excelsior es la única opción para disfrutar de las comodidades de un resort cerca de La Valeta. Construido dentro de los bastiones, este hotel de cinco estrellas tiene un lujoso *spa* interior y puerto privado, aunque su mayor reclamo es contar con la única playa privada de La Valeta, con impresionantes vistas de Marsamxett Harbour. Único en la zona.

The Phoenicia

📍 G3 🏠 The Mall FRN1478, Floriana 🌐 phoenicia malta.com · €€€

Este hotel *art déco*, elegido por la reina Isabel II durante sus visitas regulares a Malta, es ejemplo de hospitalidad maltesa desde 1947. The Phoenicia es perfecto para regalarse un chapuzón en su panorámica piscina desbordante con vistas a Marsamxett Harbour o un masaje en el jardín.

SLIEMA, ST JULIAN'S Y LAS TRES CIUDADES

Corinthia St George's Bay

📍 D3 🏠 St Georges Bay, St Julian's 🌐 corinthia.com · €€€

Aquí no faltan actividades para divertirse en familia: piscinas cubiertas y exteriores, pistas de tenis, deportes acuáticos y acceso privado al paseo marítimo. Además, cuenta con una magnífica selección de restauración, desde bufés variados y un restaurante de comida americana hasta elegantes cócteles y parrillas.

Hilton Malta

📍 D4 🏠 Vjal Portomaso, St Julian's 🌐 hilton.com/ en/hotels/mlahitw- hilton-malta · €€€

Situado entre la costa rocosa de St Julian's y las calles repletas de *pubs* de Paceville, este lujoso oasis ofrece cuidadas habitaciones, piscinas, *spa* e instalaciones deportivas. Destacan la cocina tailandesa del Blue Elephant, con cascadas y cabañas de madera, y el Merkanti Beach Club, solo para adultos, con su piscina en forma de media luna.

The InterContinental

📍 D4 🏠 Triq Santu Wistin, St Julian's 🌐 malta. intercontinental.com · €€€

Este es el hotel para los que buscan diversión las 24 horas del día. Sus instalaciones de primera categoría incluyen piscinas, *spa* y acceso a una playa privada. El atractivo añadido es su variedad de opciones de ocio: cine, bolera, salón recreativo y centro comercial, además de los numerosos restaurantes, bares y discotecas de la propia Paceville.

The Palace

📍 Q3 🏠 Triq II – Kbira, Tas-Sliema 🌐 thepalace malta.com · €€

¿Terapia de compras? Situado junto a las calles comerciales más populares de Sliema, The Palace cuenta con habitaciones económicas (que permiten dejar más dinero para las compras) y seis *suites* de diseño, algunas con terraza privada y *jacuzzi*. El restaurante del ático TemptAsian sirve deliciosos platos de fusión asiática con vistas que alcanzan hasta La Valeta.

Hotel Juliani

📍 D4 🏠 25 St George's Road, St Julian's 🌐 hoteljuliani.com · €€

El Hotel Juliani es un elegante retiro con vistas a la hermosa Spinola Bay, perfecto para escapar del bullicio de Paceville. Tiene habitaciones luminosas con decoración moderna de inspiración mediterránea y un ático con coctelería y una magnífica piscina para disfrutar del atardecer.

BOCO Boutique Hotel

📍 E4 🏠 65 Triq L- Oratorju Cospicua 🌐 boco- boutique.com · €€

Tony, el anfitrión, se desvive para que sus huéspedes disfruten de esta pensión con encanto, con seis habitaciones que combinan elementos de época y extravagantes piezas de arte. Escondida en Cospicua, es un pedacito de la vida tradicional maltesa.

Cugó Gran Macina

📍 K5 🏠 Grand Harbour Triq II-31 ta' Marzu Senglea 🌐 cugogranmacina.com · €€€

Ubicado en un complejo del siglo XVI, este hotel con encanto tiene 21 *suites* muy elegantes, algunas divididas en dúplex. La azotea tiene una piscina y vistas panorámicas del puerto deportivo. El Little Bastion Restaurant sirve platos mediterráneos con un toque especial.

NORTE DE MALTA

Radisson Blu Resort & Spa Golden Sands

📍 A3 🏨 Golden Sands Bay, Mellieħa 🌐 radissonhotels.com · €€

Este lujoso complejo turístico de Golden Bay es perfecto para despertarse a pie de playa. Las *suites* de The Sands Tower son especialmente lujosas, poseen techos altos, instalaciones de diseño y terraza privada con vistas a la playa, y resultan en particular bonitas al atardecer.

db Seabank Resort & Spa

📍 B2 🏨 Marfa Road, Il-Mellieħa 🌐 dbhotels-resorts.com · €€

Las familias y los amantes del sol adorarán este complejo con todo incluido frente a la playa de arena más larga de Malta, con más de 500 habitaciones de temática náutica, múltiples piscinas, diversas opciones gastronómicas, *spa*, gimnasio e incluso una bolera con discoteca.

Maritim Antoine Hotel

📍 B3 🏨 George Borg Olivier Street, Il-Mellieħa 🌐 maritim.com.mt · €

Alejado del bullicio de la playa, pero lo suficiente-mente cerca para darse un chapuzón, este acogedor hotel es un auténtico oasis de tranquilidad en Mellieħa. Las *suites* del ático tienen piscinas privadas con vistas a las colinas. Su bar deportivo es perfecto para mezclarse con los demás huéspedes y jugar al billar.

AX ODYCY

📍 C3 🏨 Dawret Il-Qawra, San Pawl Il-Baħar 🌐 odycymalta.com · €€€

Este complejo turístico satisface a todo tipo de turistas y presupuestos. Con piscinas, miniparque acuático, zonas de juego y restaurantes para niños es perfecto para las familias, pero también cuenta con un bar latino y otro en la azotea solo para adultos.

Ramla Bay Resort

📍 B2 🏨 Triq Ir-Ramla, Il-Mellieħa 🌐 ramlabay-resort.com · €€

Los que quieran recorrer el archipiélago encontrarán la base perfecta en este acogedor complejo, cercano a los ferris hacia Gozo y Comino. Entre excursiones, se puede disfrutar de sus piscinas cubiertas y al aire libre, de diversas opciones de restaurantes o dándose un chapuzón en la playa privada de su bahía.

CENTRO DE MALTA

Corinthia Palace

📍 D4 🏨 De Paule Avenue, San Anton 🌐 corinthia.com/en-gb/palace · €€€

Enclavado entre olivares y en una zona prestigiosa, sede del Palacio Presidencial, este tranquilo hotel ofrece una estancia de lujo. Tras relajarse en su piscina al aire libre o en el *spa*, el día termina con una cena en su restaurante BAHIA, con una estrella Michelin.

Xara Palace Relais & Chateaux

📍 C4 🏨 Misrah Il-Kunsill Mdina 🌐 xarapalace.com.mt · €€€

Ubicado en un palacio del siglo XVII dentro de las murallas de Mdina, este hotel con encanto ofrece 17 habitaciones decoradas con antigüedades; las del bastión tienen vistas panorámicas de la isla. En la azotea se encuentra el restaurante Mondion, con estrella Michelin.

Julina Boutique Living

📍 C4 🏨 168 Triq Il-Kbira, Il-Mosta 🌐 julinaboutiqueliving.com · €

Esta acogedora pensión, a solo 5 minutos de la Mosta Rotunda, ofrece una estancia en una auténtica casa maltesa. Sus amables anfitriones, el matrimonio Carmen y Chris, siempre están dispuestos a compartir consejos sobre la isla. Su colección de suntuosas *suites*, decoradas con colores atrevidos y muebles de inspiración clásica, parece remontarse al pasado de la isla.

SUR DE MALTA

South Wind Guesthouse

F5 **Sant Andrija Marsaxlohh** **W** southwindguesthouse.com.mt · €

Cerca del paseo marítimo de Marsaxlokk y con unos anfitriones amables y serviciales, este hostal familiar es perfecto para una estancia tranquila. Con balcones privados para ver descargar la pesca del día en el puerto al levantarse, el precio incluye un desayuno con especialidades locales.

The OSIRIS

F5 **Triq tax-Xerrieh, Marsaxlohh** **W** the-osiris.com · €

Este acogedor hotel *boutique*, que debe su nombre al ojo de Osiris que adorna las bonitas *luzzus* del puerto de Marsaxlokk, está a un paso del paseo marítimo. Las habitaciones, decoradas en tonalidades azules, son cómodas y sencillas, algunas de ellas con cocina básica.

Quayside Apartments

F5 **1 Xatt Is-Sajjieda, Marsaxlohh** **W** quayside-malta.com · €€

Estos encantadores apartamentos, situados en un complejo restaurado del siglo XIX frente al mar, ofrecen una estancia distinta. Tras franquear su propia puerta maltesa, los huéspedes pueden relajarse en la zona comunitaria o en el patio con barbacoa de carbón. La *suite* más lujosa del ático tiene bañera de hidromasaje en una terraza con vistas al puerto.

Deep Blu

D6 **Triq Il-Madonna Tar-Ruzarju, Il-Qrendi** **W** deepblu.mt · €€

Un pequeño hotel con encanto situado en el pueblito pesquero de Wied iż- Żurrieq, con 11 *suites* elegantes y unas incomparables vistas del islote de Filfla y más allá. Perfecto para visitar la Blue Grotto y los templos de Ħaġar Qim y Mnajdra.

GOZO Y COMINO

Kempinski Hotel San Lawrenz

D1 **Triq Ir-Rohon, San Lawrenz** **W** hempinshi.com · €€€

Rodeado de exuberantes jardines y huertos, este hotel garantiza una estancia tranquila. Sus numerosas instalaciones hacen que no se quiera salir de la propiedad: piscinas exteriores rodeadas de palmeras, un elegante *spa* especializado en tratamientos ayurvédicos, gimnasio y pistas de tenis. De la mañana a la noche se puede disfrutar de una deliciosa comida, gracias a su media docena de restaurantes que sirven de todo, desde carnes a *sushi*.

Hotel Ta' Cenc

D2 **Triq Ta Cenc Ta' Sanna** **W** vjborg.com/ta-cenc · €€€

La paz y la tranquilidad caracterizan a este apartado hotel junto a un acantilado. Los bungalós abovedados ofrecen mayor comodidad y privacidad. Además, tiene acceso privado a la idílica cala de Il-Kantra, escondida en una ensenada rocosa junto al hotel.

Quaint Hotel Nadur

E2 **13th December Street In-Nadur** **W** quainthotelsgozo.com/hotel-nadur · €

Un moderno hotel con encanto en el corazón de una de las ciudades más bonitas de Gozo, famosa por sus panaderías artesanales. Las cercanas bahías de San Blas y Daħlet Qorrot son ideales para darse un chapuzón refrescante.

Cesca Boutique Hotel

D2 **Triq tal-Ghajn, Il-Munxar** **W** cesca.com.mt · €€

Escondido en un valle idílico, este hotel *boutique* es único en todo Gozo. Sus habitaciones destilan encanto tradicional, con techos abovedados y muros de piedra vista, y su azotea cuenta con piscina y preciosas vistas. El paisaje que rodea los cercanos acantilados es perfecto para senderistas y amantes de la naturaleza.

ÍNDICE

Los números en **negrita** hacen referencia a las entradas principales.

FRASES ÚTILES

Prácticamente todos los malteses son bilingües y hablan maltés e inglés con la misma fluidez. Los malteses no esperan que los visitantes hablen maltés, pero aprecian que hagan el esfuerzo de decir algunas palabras en su idioma. El maltés escrito tiene algunos caracteres inusuales (algunas letras se cruzan y otras tienen un punto). Esto significa que algunos nombres de lugares, por ejemplo, son difíciles de pronunciar sin ayuda.

¿Dónde está…?	**Fejn hu…?**
¿Dónde están…?	**Fejn huma…?**
¿Dónde puedo encontrarlo?	**Fejn nista insib?**
¿Cuánto tarda…?	**Kemm iddum…?**
¿Cuánto?	**Kemm?**
¿Cuánto cuesta esto?	**Kemm iqum dan/din?**
¿Hablas inglés?	**Titkellem bl-Ingliz?**
Entiendo	**Nifhem**
No entiendo	**Ma nifħimx**
¿Me ayudas?	**Tista' tghinni?**
Me gustaría	**Nixtieq**
Nos gustaría	**Nixtiequ**
Estoy perdido	**Intlift**
¡Feliz Navidad!	**Il-Milied it-Tajjeb!**
¡Feliz Año Nuevo!	**Is-Sena t-Tajba!**
¡Feliz Semana Santa!	**L-Ghid it-Tajjeb!**
¡Saludos!	**Xewqat Sbieh!**
¡Felicitaciones!	**Nifrahlek!**
¡Buena suerte!	**Ix-Xorti t-Tajba!**

Emergencias

Llame a la policía	**Sejjah pulizija**
Peligro	**Periklu**
Fuego	**Nar**
Llame a un médico	**Sejjah tabib**
Váyase	**Mur 'l hemm**
Ayuda	**Ajjut**
Estoy perdido	**Intlift**
Policía	**Pulizija**

Comunicación básica

Sí	**Iva**
No	**Le**
Por favor	**Jekk joghgbok**
Muchas gracias	**Grazzi hafna**
De nada	**M'hemmx mn'hiex**
Buenos días	**Bongu**
Buenas tardes	**Bonswa**
Buenas noches	**Il-lejl it-tajjeb**
Adiós	**Sahha**
Hasta luego	**Caw**
Nos vemos	**Narak iktar tard**
¡Lo siento!	**Skuzani!**
¿Dónde?	**Fejn?**
¿Cómo?	**Kif?**
¿Cuándo?	**Meta?**
¿Qué?	**X'hini?**
¿Por qué?	**Ghaliex?**
¿Quién?	**Min?**
¿Cuál?	**Liema?**

Frases habituales

Encantado de conocerte	**Ghandi pjacir**
¿Cómo estás?	**Kif inti?**
Muy bien, gracias	**Tajjeb, grazzi**
¿Y tú?	**hafna U inti?**
¿Disculpa?	**Skuzi?**
Perdón	**Skuzi!**

Números

0	xejn
1	wieħed
2	tnejn
3	tlieta
4	erbgħa
5	ħamsa
6	sitta
7	sebgħa
8	tmienja
9	disgħa
10	għaxra
11	ħdax
12	tnax
13	tlettax
14	erbatax
15	ħmistax
16	sittax
17	sbatax
18	tmintax
19	dsatax
20	għoxrin
21	wieħed u għoxrin
22	tnejn u għoxrin
30	tletin
40	erbgħin
50	ħamsin
60	sittin
70	sebgħin

80	tmenin
90	disgħin
100	mija
1.000	elf
1.000.000	miljun

Nombres de calles de La Valeta

La mayoría de las señalizaciones están en maltés, pero vale la pena familiarizarse con sus equivalentes en inglés; la mayoría de las tiendas y negocios los usan, y algunos mapas están solo en inglés (y puede que se encuentre más fácil decir *South St* que *Triq Nofs in-Nhar*). He aquí una lista seleccionada:

Britannja, Triq	Brittania St
Girolamo Cassar, Triq	Girolamo Cassar St
Id-Dejqa, Triq	Strait St
Il-Fontana, Triq	Fountain St
Il-Fran, Triq	Old Bakery St
Il-Mall	The Mall
Il-Mediterran, Triq	Mediterranean St
Il-Merkanti, Triq	Merchant's St
Il-Punent, Triq	West St
Ir-Repubblika, Misraħ	Republic Sq
Ir-Repubblika, Triq	Republic St
It-Teatru L'Antik, Triq	Old Theatre St
Kastilja, Misraħ	Castille Sq
L-4 Ta' Settembru, Misraħ	4th September Sq
L-Arċisqof, Triq	Archbishop St
L-Assedju L-Kbir, Triq	Great Siege Rd
L'Ispar Il-Quadim, Triq	Old Hospital St
Lascaris, Triq	Lascaris St
L'Imitħen, Triq	Windmill St
Marsamxett, Triq	Marsamxett St
Mattia Preti, Pjazza	Mattia Preti Sq
Melita, Triq	Melita St
Nelson, Triq	Nelson St
Nofs In-Nħar, Triq	South St
Papa Benedittu XV, Misraħ	Pope Benedict XV St
Papa Piju V, Triq	Pope Pius V
San Bastian, Triq	St Sebastian St
San Duminku, Triq	St Dominic St
San Ġwann, Misraħ	St John Sq
San Ġwann, Triq	St John St
San Kristofru, Triq	St Christoper St
San Marku, Triq	St Mark St
San Nikola, Triq	St Nicholas St
San Patrizju, Triq	St Patrick St
San Pawl, Triq	St Paul St
Sant' Anna, Triq	St Anna St
Sant' Ursula, Triq	St Ursula St
Santa Lucija, Triq	St Lucija St
Sarria, Triq	Sarria St
Zakkarija, Triq	Zachary St
Zekka, Triq	Old Mint St

AGRADECIMIENTOS

Edición actualizada por

Colaboraciones Dean Muscat

Edición sénior Keith Drew

Diseño sénior Laura O'Brien, Stuti Tiwari

Diseño de proyecto Divyanshi Shreyaskar

Edición Tavleen Kaur

Iconografía sénior Virien Chopra

**Documentación fotográfica
sénior** Niswan Rasool

Documentación fotográfica Manpreet Kaur,
Priya Singh, Samrajkumar S.

Diseño de cubierta Laura O'Brien,
Divyanshi Shreyaskar

Cartografía Subhashree Bharati

Cartografía sénior Suresh Kumar

Diseño DTP sénior Tanveer Zaidi

Diseño DTP Rohit Rojal, Nityanand Kumar,
Vijay Kandwa

Preproducción sénior Balwant Singh

Retoque de imágenes sénior Pankaj Sharma

Producción sénior Kariss Ainsworth

Responsables editoriales Beverly Smart,
Hollie Teague

Edición de arte Gemma Doyle

Edición de arte sénior Priyanka Thakur

Dirección de arte Maxine Pedliham

Dirección editorial Georgina Dee

DK quiere dar las gracias a las siguientes
personas por su contribución a la edición
anterior: Mary-Anne Gallagher, Juliet Rix

La editorial quiere agradecer a las siguientes
personas, instituciones y compañías el permiso
para reproducir sus fotografías:

(Leyenda: a-arriba; b-abajo; c-centro; f-extremo;
l-izquierda; r-derecha; t-superior)

123RF.com: Dudlajzov 28-29b.

Adobe Stock: GezaKurkaPhotos 13cl.

Alamy Stock Photo: Album 9cr; Georg Berg
13clb, 57tl; John Blackburn 91tl; Vedad Ceric
74bl; Chroma Collection 11t; Chronicle 10br; CPA
Media Pte Ltd 27cr; Craig Jack Photographic
32clb; Dario Photography 100bl; DGB 31tr; Julian
Eales 94tr; eFesenko 54b, 78b, 87tl; Michele
Falzone 95br; Kirk Fisher 51tl; Stuart Forster
59bl; Forget-Gautier 75lı; Eddie Gerald 47br;
Hemis / Gardel Bertrand 23bl; Hemis / Guiziou
Franck 80tr; Image Professionals GmbH /
Look-Foto 21bl, 70b; imageBROKER.com GmbH
& Co. KG / Ralf Adler 21ca; Imago / Jonathan
Borg 65tl; Ivoha 35tr, 103t; John Kellerman
22-23t; Kelvin Atkins Travel 23br; Panagiotis
Kotsovolos 60tl; Melvyn Longhurst 10cl; Zdeněk
Mal 39tl; William Attard McCarthy 12cr; Hugh
Mitton 49bl, 61bl; Nick Moore 5; Eric Nathan 39b,
40br; Nikreates 71tl; North Wind Picture
Archives 8b; Mirosaw Nowaczyk 35tl; parasola.
net 88tr; Parkerphotography 12cra;
Picturemonger 9cra; Alex Ramsay 93bl; REDA
&CO / Paolo Reda 91br; Simon Reddy 69t;
Robertharding / Barry Davis 72tl; Boaz Rottem
97t; Science History Images / Photo Researchers
27tc; Neil Setchfield 106tl; Antony Souter 23cb,
26t, 30cl; Stocksmart 13cl (8); Robin Weaver
33br; Monica Wells 73br; Westend61 GmbH /
Alun Richardson 56tl; Wild Places Photography /
Chris Howes 47tl; Emily Marie Wilson 17tr; World
History Archive 10tl; Rawdon Wyatt 79tl.

AWL Images: Michele Falzone 19, Christian
Kober 109.

Dreamstime.com: Adamico 13tl, 14clb, 25tr, 31b;
Artushfoto 32-33t; F Baarssen 17tc; Valery Bareta
85tr; Dudlajzov 52bl; Emicristea 86-87b;
Eugenesergeev 50b; Evgeniy Fesenko 77b, 82bl;
Zoltan Gabor 20tr; Marcin Jucha 45, 98-99b; Pavel
Kavalenkau 35ca; Laszlo Konya 11br; Patryk
Kosmider 59tr; Opreanu Roberto Sorin 89bl; Calin
Stan 34b, 65br; Sergio Delle Vedove 63bl; ViliamM
42-43b; Mirko Vitali 6-7; Jolanta Wojcicka 12crb.

Getty Images: Corbis / Christophe Boisvieux
55tl; De Agostini / Dea / A. Dagli Orti 29tl, 37t,
37br; De Agostini / Dea / G. Dagli Orti 70tl; De
Agostini / Dea / G. Sioen 69br; Hulton Archive /
Print Collector 98br; Hulton Fine Art Collection /
Heritage Images 9br; Photodisc / Hans-Peter
Merten 13cla; Photodisc / Jeremy Woodhouse
12br; The Image Bank / Andrew Holt 10bl.

Getty Images / iStock: Deejpilot 1, DigitalVision
Vectors / Duncan1890 9tl; E+ / Ewg3D 17cla; E+ /
Tunart 15t, 67; E+ / Venuestock 52tr;
GoodLifeStudio 40-41t; Petroos 105bl;
Vololibero 16bl.

Hotel Juliani: 83t.

De la edición en español
Servicios editoriales Moonbook
Traducción DK
Coordinación editorial Cristina Gómez de las Cortinas
Dirección editorial Elsa Vicente

Impreso y encuadernado en China

Publicado originalmente
en Gran Bretaña en 2007
por Dorling Kindersley Limited, DK,
20 Vauxhall Bridge Road,
London, SW1V 2SA, UK

Copyright © 2007, 2025 Dorling
Kindersley Limited
Parte de Penguin Random House

Título original DK Top 10 Malta and Gozo
Novena edición, 2025

ISBN: 978-0-241-77194-5

MIXTO
Papel | Apoyando la
silvicultura responsable
FSC™ C018179
www.fsc.org

Este libro se ha impreso con papel
certificado por el Forest Stewardship
Council™ como parte del compromiso
de DK por un futuro sostenible.

Para más información,
visita www.dk.com/uk/
information/sustainability